Inhaltsverzeichnis

Alphabetische Strategie

Morphematische Strategie

Orthographische Strategie

Grammatische Strategie

Arbeitstechniken

Strategien anwenden

1 Trage die fehlenden Buchstaben ein.

A		C	D				H			K		
N		P		R			U				Y	

2 Markiere den 1. Buchstaben im Wort farbig. Schreibe die Wörter aus den Rahmen nach dem ABC geordnet auf.

bringen duftende Affenwärter Erdbeeren Chamäleons

Iltisse mit knabbern Nutella Leberblümchen

____

____

____

____

3 Schreibe die vier nächsten Buchstaben des Alphabets auf.

K ___ ___ ___ ___ S ___ ___ ___ ___

D ___ ___ ___ ___ N ___ ___ ___ ___

Erfinde mit einer Buchstabengruppe einen lustigen ABC-Satz wie in Aufgabe 2.

4 Kreuze in der Tabelle an, wo die Buchstaben im ABC stehen:

	L	U	B	R	M	Y	E
weit vorne							
ungefähr in der Mitte							
weit hinten							

korrigiert: ☆

Laute, Silben und Schriftzeichen

(1) Sprachwissen für Rechtschreib-Stars. Verbinde.

Laute …	… sind Zeichen, die wir lesen und schreiben.
Buchstaben …	… klingen beim Sprechen selbst.
Selbstlaute …	… sind die kleinsten Teile der gesprochenen Sprache.
Mitlaute …	… sind Kombi-Laute aus zwei Selbstlauten.
Umlaute …	… sind meistens größere Teile der gesprochenen Sprache. Du siehst sie, wenn du Wörter trennst.
Doppellaute …	… haben beim Sprechen einen Mit-Klinger.
Silben …	… stehen nicht im ABC und gehören zu den Selbstlauten A a, O o, U u.

(2) Vornamen gesucht

Mein Name hat …

Mein Name hat zwei Selbstlaute. ______________

Mein Name hat drei Silben. ______________

Mein Name hat einen Doppellaut. ______________

korrigiert: ☆

Im Wörterbuch nachschlagen

Zusammengesetzte Wörter einzeln nachschlagen.

① Versteckte Nomen finden.

See 

 Salat

Fieber 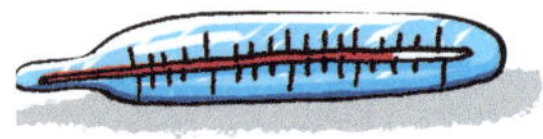

______ ______ ______

 Spiel

Schnee 

Fuß 

______ ______ ______

Schlage den gemalten Teil des Wortes nach.
Schreibe das ganze Wort auf.

② Schreibe die Grundform der Verben auf.

sie schwimmt s______	er bringt ______	du läufst ______
er log ______	er vergaß ______	ich lag ______

Schlage die Grundform nach und überprüfe.

③ C, Ch oder K?

___omputer ___ugel ___or ___reme ___irche

___akao ___rist ___egel ___affee ___lown

④ Schreibe die Grundform der Adjektive auf.

ein dickes Brett _______	eine ältere Frau _______	ein rostiger Nagel _______
ein toller Trick _______	ein bequemes Hemd _______	ein voller Krug _______

Überprüfe mit dem Wörterbuch.

⑤ Wo schlägst du nach?

ch ic	___ ef	___ ance	___ armant
___ paß	___ tein	___ ön	

Ergänze die Wörter im Kasten.

	nachgeschlagen	ganzes Wort
ic	c	chic
paß		
ef		
tein		
ance		
ön		
armant		

korrigiert: ☆

Wörter haben Bausteine

alt	blum ig	pflanz en	aus teil en
Wortstamm	Wortstamm + Endung		Vorsilbe + Wortstamm + Endung

1 Markiere die Bausteine mit den richtigen Zeichen.

finden   du findest   erfinden   der Finder   findig

Diese Wörter gehören zur Wortfamilie ____________.

jung   der Junge   der Jünger   verjüngen   jüngst

Diese Wörter gehören zur Wortfamilie ____________.

2 Ordne die Wörter aus Aufgabe 1.

Wortstamm: ____________________

Wortstamm + Endung: ____________________

____

Vorsilbe + Wortstamm + Endung: ____________________

____

3 Wörter mit zwei Wortstämmen. Markiere.

der Erd ball	das Armband	
der Bahnhof	das Ballettkleid	der Bleistift
der Dickkopf	der Luftdruck	die Haustür

Manche zusammengesetzten Wörter brauchen ein „Puffer-s".

4 Wörter mit „Puffer-s"

Glück s tag | Schiff s junge | Markierung s linie

Markiere die Wortstämme und das „Puffer-s" in den Wörtern.

der Königspinguin	der Adventskalender	der Liebesbrief
das Rettungsboot	der Weihnachtsbaum	die Eintrittskarte

5 Zerlege die Wörter.

Königspinguin: König + Pinguin

6 Schwarzes Schaf.
In jede Zeile hat sich ein Wort ohne Puffer-s eingeschlichen. Finde es heraus und streiche es. Markiere die Bausteine in den übrigen Wörtern.

das Eselsohr	die Fremdsprache	der Geburtstag
das Geduldsspiel	das Glücksgefühl	der Gabelstapler

korrigiert:

Endbausteine

ung, heit, keit und nis sind Endbausteine für Nomen.

① Ordne die Wörter nach ihren Endbausteinen.
Markiere ⌴ und •⌴.

das Geheimnis	die Sicherheit	das Erlebnis	die Sauberkeit
die Trockenheit	die Änderung	die Kühlung	die Tapferkeit

ung: ______________________________

heit: ______________________________

keit: ______________________________

nis: ______________________________

② Setze passende Endbausteine ein.

die Versicher______ die Trocken______ die Müdig______

das Zeug______ die Hoffn______ die Heiter______

③ Ordne die Wörter nach ihren Endbausteinen. Markiere ⌴ und •⌴.

gruselig	herrlich	gemütlich	kitzlig	giftig	glücklich

ig: ______________________________

lich: ______________________________

④ Setze die passenden Endbausteine ein.

ig und lich sind Endbausteine für Adjektive.

kürz______ künft______ lächer______

schmutz______ nütz______ stein______

korrigiert: ☆

Es gibt verschiedene Möglichkeiten.

① Setze die passenden Vorsilben und Verben zusammen. Markiere └•.

ab-	ein-	um-
auf-	ver-	vor-

sagen, drehen, gehen, biegen, spielen, fallen, blicken, suchen

ab: ____________________

auf: ____________________

um: ____________________

ein: ____________________

ver: ____________________

vor: ____________________

② Bilde verschiedene Wörter. Markiere └•, └┘ und •┘.

aus, ent, hin, an, be, her, komm en, nach, vor, mit, unter, um

____

____

____

____

____

③ Schreibe passende Wörter aus Aufgabe 2 zu den Erklärungen.

eintreffen, sich einfinden: ____________________

etwas erhalten: ____________________

sein Leben verlieren: ____________________

etwas später folgen: ____________________

Die Vorsilbe bestimmt die Bedeutung eines Wortes.

korrigiert: ☆

Schnelles und fehlerfreies Abschreiben kannst du trainieren.
Übe nach folgenden Schritten:

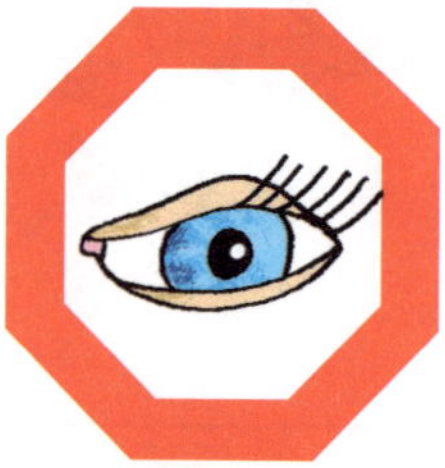

Ich lese mir einen Satz genau durch.

Gibt es für mich schwierige Stellen?
– Ich markiere sie (wenn möglich).

Ich merke mir den Satz oder
einen Teil davon – so viel,
wie ich gut schaffen kann.

Ich schreibe auswendig auf.

Ich kontrolliere Wort für Wort.
Fehler bessere ich aus.

Schreibe ab.

An vielen Teichen und Seen kannst du im Sommer Libellen beobachten. Diese Insekten sind Künstler der Lüfte. Sie können blitzschnell vorwärts, seitwärts und sogar rückwärts fliegen. Wie ein Hubschrauber bleiben sie auch in der Luft stehen. Libellenmännchen leuchten metallisch blau. Die Weibchen sind braun und schimmern grün. Die Larven der Libelle sind sehr gefräßig. Wenn sie weit genug entwickelt sind, schlüpfen sie aus ihrer Hülle.

korrigiert: ☆

① Überlege und schreibe die Sätze richtig auf.

MORGEN IST WANDERTAG IN DER SCHULE.
WIR GEHEN MIT UNSERER LEHRERIN AUF DEN WALDERLEBNISPFAD. DORT WERDEN WIR VIEL SPAß HABEN UND DABEI NOCH ETWAS ÜBER DIE NATUR LERNEN.

2 Finde die 8 Fehler und bessere sie aus.

die fichte gehört zu den Nadelbäumen. Du erkennst sie an ihrer rötlichen, schuppigen rinde und den spitzen Nadeln. Diese nadelförmigen Blätter bleiben auch im winter am Baum. eine Wachsschicht schützt sie vor kälte. Die Fichte ist bei uns der häufigste Nadelbaum und dient vor allem als holzlieferant. bei Sturm ist sie aufgrund ihrer flachen Tellerwurzeln besonders davon bedroht, umzufallen.

3 Bilde hier zusammengesetzte Nomen.
Schreibe sie mit Artikel auf.

Geburt | laufen | Unterricht | Weihnachten | Recht

kochen | sauer | Fach | Baum

Tag | Anwalt | Rahm | Buch | Schuh

korrigiert:

1 Lies die Sätze. Trage die fehlenden Wörter in das Kreuzworträtsel ein.

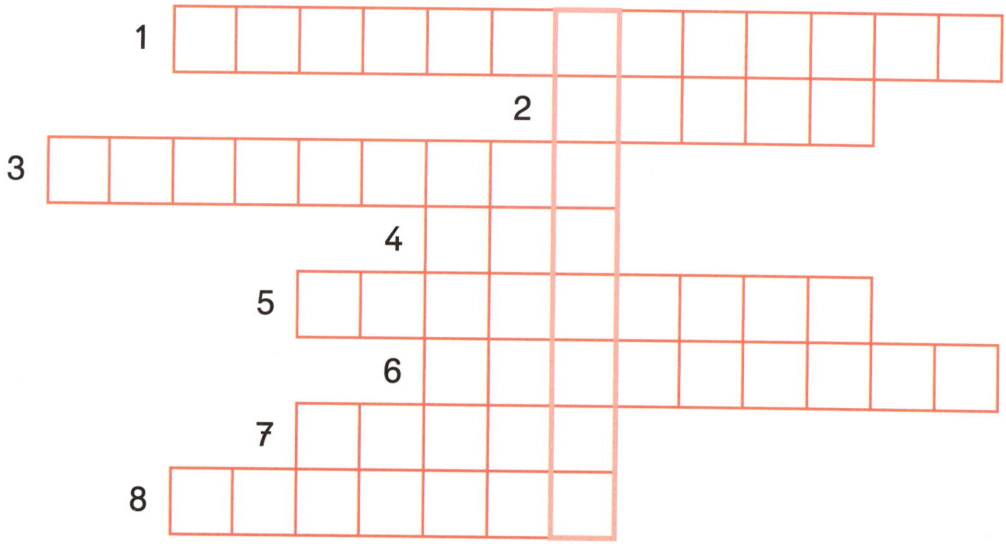

1) Suche dir im Internet … zum Thema Delfine.
2) Ich habe eine riesengroße … an dich.
3) Du sollst das … nicht verraten.
4) Ein Held beweist viel …
5) Nein, danke. Daran habe ich kein …
6) Ein Symptom dieser … ist Fieber.
7) Da hast du aber … gehabt!
8) In … will ich das nicht mehr erleben.

Lösungswort: ______________________________

?! Zu welchen besonderen Nomen gehören alle Rätselwörter?

2 Setze in den Brief die passenden Fürwörter (Pronomen) ein. Entscheide, ob du sie kleinschreiben möchtest. Beide Schreibweisen sind erlaubt.

Dir deine Deinen deinem Du dein dir Deine deinen Du dich du dein dir deine Deiner deiner du dein

du Dein dir Deine deinen Deinem dich Du dein

dir deine dir Deine deinen Deinem dich Du dein

Lieber Markus,

danke für ______________ Brief. Ich freue mich immer, von ______________ zu hören. Ich habe Mama schon von ______________ Besuch im August erzählt. Hoffentlich bringst ______________ auch ______________ Hund mit. Ohne ______________ würde er es sowieso nicht zu Hause aushalten.

Wie geht es ______________ Schwester? Schreib bald wieder!

Es grüßt ______________ ______________ Lea

Dir deine Deinen deinem Du dein Dir deine Dir deine Deinen du dich du dein dir deine deinen deinem

Schreibe Pronomen in der Höflichkeitsform immer groß!

3 Schreibe den gleichen Brief in Höflichkeitsform an Frau Meier.

Ihre Ihren Ihrem Sie Ihr Ihnen Ihre Ihren Ihrem Sie Ihr Ihnen Ihr Ihren Ihrem Sie Ihr Ihnen Ihre Ihren

Sie Ihr Ihnen Ihre Ihren Ihrem Sie Ihr Ihnen

Ihrem Sie Ihr Ihnen Ihre Ihren Ihrem Sie

____

____

____

____

____

____

____

Ihr Ihnen Ihre Ihren Ihrem Sie Ihr Ihnen Ihre Ihren Ihrem Sie Ihr Ihnen Ihre Ihren Ihrem Sie Ihr Ihnen

korrigiert: ☆

Nachdenken über ä und äu (1)

e oder **ä**?

eu oder **äu**?

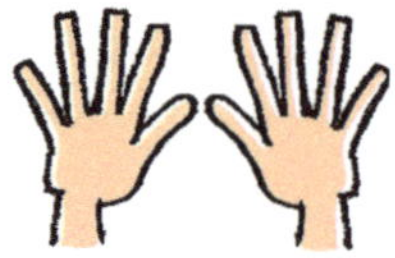

?

Gibt es einen Verwandten mit a?

Gibt es einen Verwandten mit au?

nein	ja
Herzen	Hände
Feuer	Bäume

1 Gibt es einen a- oder au-Verwandten?
Wie wird das Wort geschrieben?

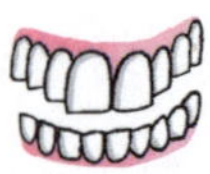

☐ ja
☐ nein
Welchen? ______________ Also: ______________

☐ ja
☐ nein
Welchen? ______________ Also: ______________

☐ ja
☐ nein
Welchen? ______________ Also: ______________

☐ ja
☐ nein
Welchen? ______________ Also: ______________

2 Suche einen a- oder au-Verwandten.

das Hähnchen ↔ ____________________

kräftig ↔ ____________________

der Läufer ↔ ____________________

einfädeln ↔ ____________________

der Hosenträger ↔ ____________________

das Täubchen ↔ ____________________

der Tennisschläger ↔ ____________________

aufräumen ↔ ____________________

die Sträucher ↔ ____________________

3 Suche einen ä- oder äu-Verwandten.

der Hang ↔ ____________________

der Kamm ↔ ____________________

die Angst ↔ ____________________

bauen ↔ ____________________

die Gefahr ↔ ____________________

kaufen ↔ ____________________

klar ↔ ____________________

die Naht ↔ ____________________

laut ↔ ____________________

korrigiert: ☆

(4) Verkleinere oder vergrößere:

 der Hase ↔ das Häschen 

 __________ ↔ das Täubchen 

 die Pflanze ↔ __________ 

 __________ ↔ das Käuzchen 

 das Haus ↔ __________ 

 __________ ↔ das Wäldchen 

 der Baum ↔ __________ 

(5) Setze die Verben in der richtigen Form ein.

laufen schlagen fangen saufen fahren fallen schlafen

Paul __________ einen Fisch.

Leonie __________ in den Urlaub.

Papa __________ einen Nagel in die Wand.

Das Buch __________ auf den Boden.

Die Kuh __________ Wasser.

Tim __________ tief und fest.

Kilian __________ schneller als Markus.

5 Suche viele Verwandte.
Das Wörterbuch kann dir helfen.

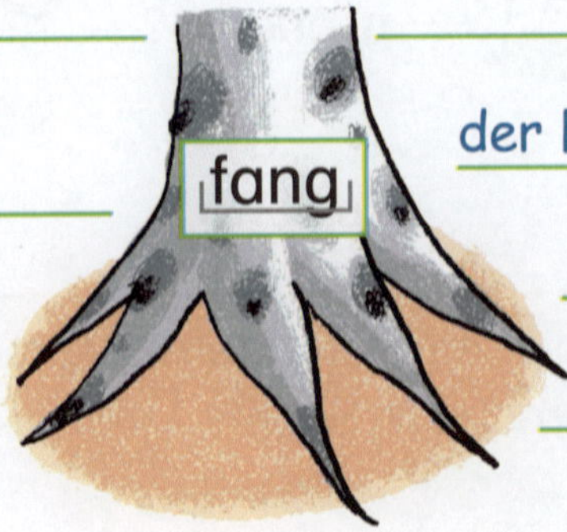

der Fänger

gefangen

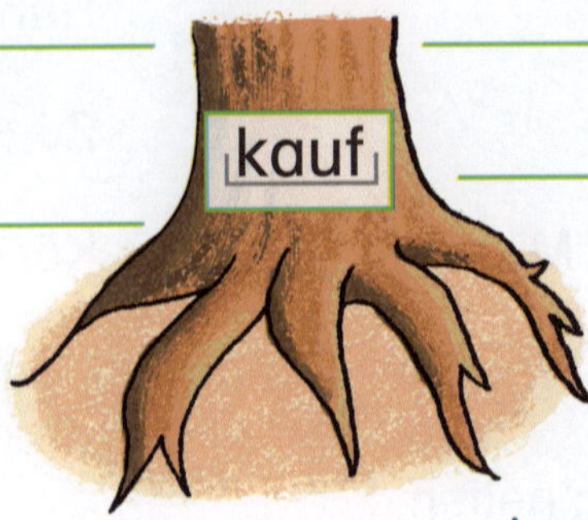

käuflich

?! Hier stimmt etwas nicht!

Wälder – Fälder Zäune – Schäune

korrigiert:

Nachdenken über Auslaute (1)

t oder **d**?

k oder **g**?

p oder **b**?

?

Ich suche einen längeren Verwandten und spreche in Silben.

Bro-te → Brot	Hun-de → Hund
Bän-ke → Bank	Zü-ge → Zug
Mi-kro-sko-pe → Mikroskop	Kör-be → Korb

(1) Die Mehrzahl kann helfen.

das Pfun___, weil die Pfun-de __________

der Ausflu___, weil __________

das Geschen___, weil __________

das Sie___, weil __________

der Ty___, weil __________

2 Verbinde mit einem nützlichen Verwandten und trage den fehlenden Buchstaben ein.

die Wil_d_katze	die Zü-___e
die Bra___pfanne	san-___ig
der Zu___begleiter	lie-___en
die Hal___zeit	bra-___en
der San___kasten	lan-___e
der Lan___schläfer	wil-___e
der Tan___wart	die Far-___e
das Lie___lingstier	hal-___e
der Far___topf	tan-___en

?! Bei zusammengesetzten Wörtern muss ich erst …

3 Bilde Adjektive und schreibe sie auf.

die Ecke | der Zorn | die Not | der Schmutz | die Zeit

die Eile | die Schwierigkeit | die Lust | die Freude

___

___

___

korrigiert: ☆

Nachdenken über Auslaute (2)

1 Ergänze die Lücken, verändere die Wörter, sodass sie sinnvoll in die Lücken passen.

(san___ig, die Strän_d_e)

Am ___Strand___ läuft Leonie durch

den ____________.

(schmutzi___e, die Kör___e)

Im ____________ liegt die Wäsche.

Sie ist ____________.

(die Ban___en, die___isch)

Der ____________ raubt die ____________ aus.

(die Mon___e, gel___e, zel___en)

Der ____________ steht ____________ am

Himmels____________.

2 Hier hilft kein Nachdenken. Erfinde zu jedem Wort einen Satz.

und: ______________________________

ob: ______________________________

korrigiert: ☆

Lautverhärtung bei Verben

① Finde 12 versteckte Verben. ↓ → ↘ ↗

U	M	F	P	X	Y	Q	A	R	Z	A	N	Y	B	H
P	V	B	B	O	E	K	N	T	L	E	I	N	B	K
O	T	P	Q	U	R	U	S	S	G	R	E	T	E	U
B	G	Y	V	F	B	G	Y	A	G	B	G	S	R	U
T	I	V	S	X	E	J	L	O	O	E	J	F	P	N
L	I	E	B	E	N	K	Q	L	D	N	B	Q	E	V
S	Q	H	L	M	E	R	K	E	N	E	M	K	Z	U
O	J	M	E	S	O	R	A	P	Q	X	N	I	D	L
R	U	J	K	B	I	T	L	U	S	I	N	E	H	C
G	Z	H	Q	H	E	E	W	M	H	I	U	E	H	B
E	M	L	P	A	I	N	G	P	G	E	B	E	N	D
N	I	T	Q	Z	V	O	P	E	E	X	I	P	P	T
S	Ä	G	E	N	S	R	T	N	N	G	O	N	O	H

② Schreibe die Verben in Silben und setze sie in die 3. Person (er/sie/es).

sä-gen, er sägt

korrigiert: ☆

① Entscheide, welche Wörter groß geschrieben werden. Kreise den entsprechenden Anfangsbuchstaben grün ein.

- viele köche verderben den brei.
- gut ding will weile haben.
- morgenstund hat gold im mund.
- lügen haben kurze beine.
- was du heute kannst besorgen, das verschiebe nicht auf morgen.
- aller guten dinge sind drei.

?! Kannst du diese Redewendungen erklären?

② In diesem Brief fehlen die Anredefürwörter. Setze ein.

Sehr geehrte Frau Zünder,

natürlich werden wir ________ Auftrag schnellstens bearbeiten und ________ die bestellten Bücher schicken. Bitte melden ________ uns noch ________ Kontonummer. Vielen Dank für ________ Bestellung. ________ hören von uns.

Ihre Luise Meier

③ In diese Wörter haben sich Fehler eingeschlichen.
Suche den Wortverwandten, der dir hilft, und schreibe das Wort richtig.

das Sterkemehl	verwandter Helfer: ________ richtig: ________
sie siekt	verwandter Helfer: ________ richtig: ________
tenzeln	verwandter Helfer: ________ richtig: ________
der Kalpsbraten	verwandter Helfer: ________ richtig: ________
die Heufigkeit	verwandter Helfer: ________ richtig: ________
die Fahrrattour	verwandter Helfer: ________ richtig: ________

korrigiert: ☆

1 Schreibe deine Merkwörter auf ein Plakat. Schreibe sie bunt, ganz groß, klitzeklein – jedenfalls besonders ordentlich. Hänge dein Plakat an einer Stelle auf, wo du es oft siehst.

2 Schreibe das Wort, das du dir merken willst, auf einen Zettel. Stecke ihn in die Hosentasche. Oder in den Briefkasten, dann bekommst du das Wort morgen „mit der Post“.

3 Markiere die Merkstelle immer besonders: einkreisen, anmalen, unterstreichen, …

4 Bilde kurze Sätze oder Unsinnsätze mit den Merkwörtern, z. B. Der Zahn fährt mit der Bahn.

5 Sortiere deine Merkwörter nach dem ABC. Schreibe sie geordnet auf.

6 Ordne die Merkwörter in Verben, Nomen und Adjektive.

7 Schreibe Wörter aus der Wortfamilie des Merkwortes auf, z. B. fahren, Fahrrad, gefährlich, die Gefahr, …

8 Schreibe die Wörter in Silben gegliedert auf, z. B. Merk-wör-ter ü-ben.

9 Ordne die Wörter in einer Silbentabelle.

10 Kannst du zusammengesetzte Wörter mit deinem Merkwort bilden?

11 Übe die Merkwörter in einem Laufdiktat. Wörter auf einen Zettel schreiben – Zettel so weit weglegen, dass du hingehen musst – einige Wörter einprägen – zum Arbeitsplatz zurückgehen – aufschreiben – am Ende kontrollieren.

12 Suche einen Partner. Diktiert euch gegenseitig.

13 Richtig viel schreiben hilft. Schreibe eine ganze Zeile deines Merkworts. Oder eine ganze Seite. Oder gestalte eine Seite zu deinem Merkwort auf dem Computer.

Wörter mit V/v, die man sich merken muss

1 Baue viele Wörter mit V/v. Markiere V/v farbig.

Ver

der Versuch

ver

versuchen

Vor

vor

Vogel

das Vogelhaus

V/v oll

vollständig

② Setze die passenden V/v-Wörter ein.

__________ __________ __________ __________

__________ __________ __________

Tunwörter heißen auch __________.

a e i o u sind __________.

Ene, mene, mu ist ein __________.

Pippi lebt in der __________ Kunterbunt.

Klavier Ventil Verben Vase Adventskranz Vogel violett Villa Vokal Abzählvers Verein

③ Manche V/v-Wörter braucht man oft, z. B. viel, vielleicht, voll.

Schreibe sie in den Rahmen.

Suche noch mehr V/v-Wörter und schreibe sie auf.

korrigiert:

1 Schreibe für die unterstrichenen Wörter das Gegenteil. Markiere **ß**.

die kalte Soße	die h ß ______	Soße
ein kleiner Blumenstrauß	ein ______	Blumenstrauß
ein saures Bonbon	ein ______	Bonbon
der schwarze Schal	der ______	Schal
ein fauler Schüler	ein ______	Schüler
drinnen spielen	______	spielen

2 Baue Wörter. Schreibe sie auf. Markiere **ß**.

ver- aus- ab- be- ein- auf-

gieß en

ab- ver- be- auf- an- ein-

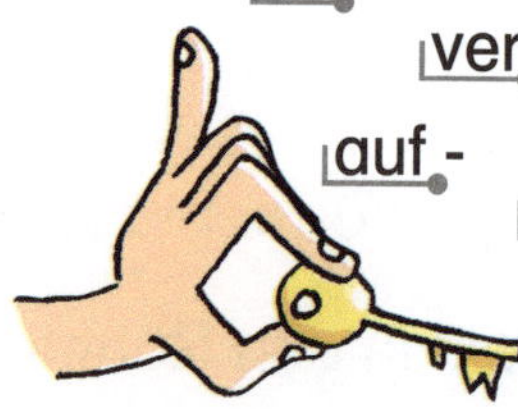

schließ en

③ Schreibe das verwandte Wort dazu.

das Maß	gießen	grüßen	der Fleiß
spaßig	der Fuß	süß	die Straße

der Gruß ____________ fleißig ____________ barfuß ____________

der Straßenlärm ____________ die Gießkanne ____________ die Süßigkeit ____________

mäßig ____________ der Spaß ____________

④ Decke ab.
Welche Merkwörter mit **ß** hast du schon sicher auswendig im Kopf? Schreibe sie auf.

korrigiert: ☆

Wörter mit h, die man sich merken muss

1 Gestalte eine Seite mit Ah/ah, Eh/eh, Oh/oh, Uh/uh, Äh/äh, Öh/öh, Üh/üh-Wörtern.

Markiere die Stellen, die du dir merken musst, farbig.

ah eh oh uh äh öh üh ah eh oh uh äh öh üh ah eh oh uh äh öh üh ah eh oh uh äh öh üh ah eh oh uh äh öh
äh ah
öh eh
üh oh
ah uh
eh äh
oh öh
uh üh
äh ah
öh eh
üh oh
ah uh
eh äh
oh öh
uh üh
äh ah
öh eh
üh oh
ah uh
eh äh
oh öh
uh üh
äh ah
öh eh
üh oh
ah uh
eh äh
oh öh
uh üh
äh ah
öh eh
üh oh
ah uh
eh äh
oh öh
uh üh
äh ah
öh eh
üh oh
ah uh
eh äh
oh öh
uh üh
äh öh üh ah eh oh uh äh öh üh ah eh oh uh äh öh üh ah eh oh uh äh öh üh ah eh oh uh äh öh üh

Finde Wörter mit **ih**.

Richtig schreiben lernen mit den Rechtschreib-Stars

Aufbau und Gestaltung der Rechtschreib-Stars

Die Rechtschreib-Stars wecken sowohl durch ihren Aufbau als auch durch ihre Gestaltung die Übungsfreude des Kindes.
Alle wichtigen rechtschriftlichen Lernthemen einer Jahrgangsstufe finden sich in einer sinnvollen Übungsabfolge im Heft. Die Übungen zu einem bestimmten rechtschriftlichen Phänomen werden übersichtlich auf einer Doppelseite angeboten.
Wiederkehrende Übungsformen ermöglichen es dem Kind, die Aufgaben weitgehend ohne Hilfe von Erwachsenen zu lösen. Grundlegende Arbeits- und Lerntechniken werden so kontinuierlich wiederholt, hilfreiche Rechtschreibstrategien entwickelt und gesichert. Diese werden nicht als fertige Regel präsentiert. Vielmehr erhalten die Kinder die Möglichkeit, durch vielfältigen Umgang mit Wörtern Strategien zu entdecken, sie zu überprüfen und anzuwenden.
Mit dem beigelegten Lösungsheft können Lernergebnisse selbstständig kontrolliert und reflektiert werden. Lernbegleiter ist der Pelikan Pepe, er gibt Tipps und Anregungen und macht wichtige Erkenntnisse immer wieder bewusst.

Die Inhalte der Rechtschreib-Stars orientieren sich auch an der Entwicklung der individuellen Fähigkeiten im Richtigschreiben. So wird, auch durch einen flexiblen Einsatz des vorhergehenden und des nachfolgenden Heftes, eine individuelle Förderung des jeweiligen Kindes ermöglicht.

Die farbenfrohe, kindgerechte Gestaltung ermuntert zu selbstständiger und motivierter Arbeit. So setzt das Kind sich kontinuierlich und mit Freude mit den Heftinhalten auseinander und erzielt dadurch individuelle Lernfortschritte, die auch durch die Vielzahl farbiger Illustrationen angebahnt und unterstützt werden.

Wie Kinder richtig schreiben lernen

Anfangs schreiben Kinder wie sie sprechen, sie entwickeln Freude am Schreiben, das Richtigschreiben ist dabei unbedeutend. Erst im Vergleich mit der allgemeingültigen Rechtschreibung und durch gezielt angeregte Reflexion erkennen Kinder, dass viele Wörter anders geschrieben als gesprochen werden.

Neben dem individuellen Zugriff des Kindes kann eine typische Abfolge im Erwerb rechtschriftlicher Kompetenzen angenommen werden, was die folgende Tabelle aufzeigt:

Ein Stufenmodell der Rechtschreibentwicklung

Regelgeleitete Konstruktionen	„Lernwörter“	Bemerkungen
1. Willkürliche Buchstabenfolgen, „Pseudowörter“ oder Kritzelschrift	Die Buchstaben eines Wortes werden ohne Bezug zum Lautwert auswendig gelernt (z. B. eigener Name). Nur wenige Wörter können erworben werden.	Wegen fehlender Unterstützung durch die gesprochene Sprache kommt es oft zu Buchstabenauslassungen und Umstellungen
2. Erste Versuche, die gesprochene Sprache zu „übersetzen“: *Beginnende* („rudimentäre“) *phonemische Strategie*, z. B. – TG = Tiger – HS = Haus.	Wie unter 1., aber das Auswendiglernen wird schon durch einige erkannte Buchstaben-Laut-Beziehungen gestützt. Immer noch sehr wenige Lernwörter.	Erwerb von Phonem-Graphem-Korrespondenzen
3a. *Entfaltete phonemische Strategie.* Es werden jetzt mehr Laute eines Wortes wiedergegeben, z. B. – WOKE = Wolke, – HUT = Hund.	Phonemisch gestützte Speicherung von Lernwörtern. Beginn der Entwicklung einer „Rechtschreibsprache“; auch visuelle und graphomotorische Lernhilfen	

Lösungen Rechtschreib-Stars 4

(zum Heraustrennen die mittlere Klammer lösen)

Das ABC

① Trage die fehlenden Buchstaben ein.

A B C D E F G H I J K L M

N O P Qu R S T U V W X Y Z

② Markiere den 1. Buchstaben im Wort farbig. Schreibe die Wörter aus den Rahmen nach dem ABC geordnet auf.

bringen duftende Affenwärter Erdbeeren Chamäleons

Iltisse mit knabbern Nutella Leberblümchen

Affenwärter bringen Chamäleons

duftende Erdbeeren

Iltisse knabbern Leberblümchen

mit Nutella

③ Schreibe die vier nächsten Buchstaben des Alphabets auf.

K L M N O S T U V W

D E F G H N O P Q R

Erfinde mit einer Buchstabengruppe einen lustigen ABC-Satz wie in Aufgabe 2.

④ Kreuze in der Tabelle an, wo die Buchstaben im ABC stehen:

	L	U	B	R	M	Y	E
weit vorne			X				X
ungefähr in der Mitte	X			X	X		
weit hinten		X				X	

Laute, Silben und Schriftzeichen

① Sprachwissen für Rechtschreib-Stars. Verbinde.

Laute …	… sind Zeichen, die wir lesen und schreiben.
Buchstaben …	… klingen beim Sprechen selbst.
Selbstlaute …	… sind die kleinsten Teile der gesprochenen Sprache.
Mitlaute …	… sind Kombi-Laute aus zwei Selbstlauten.
Umlaute …	… sind meistens größere Teile der gesprochenen Sprache. Du siehst sie, wenn du Wörter trennst.
Doppellaute …	… haben beim Sprechen einen Mit-Klinger.
Silben …	… stehen nicht im ABC und gehören zu den Selbstlauten Aa, Oo, Uu.

② Vornamen gesucht

Mein Name hat zwei Selbstlaute.

Mein Name hat drei Silben.

Mein Name hat einen Doppellaut.

Im Wörterbuch nachschlagen

① Versteckte Nomen finden.

See — Seepferd

Salat — Kartoffelsalat

Fieber — Fieberthermometer

Spiel — Glockenspiel

Schnee — Schneemann

Fuß — Fußball

Schlage den gemalten Teil des Wortes nach.
Schreibe das ganze Wort auf.

② Schreibe die Grundform der Verben auf.

sie schwimmt	er bringt	du läufst
schwimmen	bringen	laufen
er log	**er vergaß**	**ich lag**
lügen	vergessen	liegen

Schlage die Grundform nach und überprüfe.

③ C, Ch oder K?

C omputer, K ugel, Ch or, C reme, K irche

K akao, Ch rist, K egel, K affee, C lown

④ Schreibe die Grundform der Adjektive auf.

ein dickes Brett	eine ältere Frau	ein rostiger Nagel
dick	alt	rostig
ein toller Trick	**ein bequemes Hemd**	**ein voller Krug**
toll	bequem	voll

Überprüfe mit dem Wörterbuch.

⑤ Wo schlägst du nach?

ch ic, Ch ef, Ch ance, ch armant

S paß, S tein, sch ön

Ergänze die Wörter im Kasten.

	nachgeschlagen	ganzes Wort
ic	c	chic
paß	S	Spaß
ef	C	Chef
tein	S	Stein
ance	C	Chance
ön	s	schön
armant	c	charmant

Ich kenne mich im Wörterbuch aus.

Wörter haben Bausteine

alt | blum ig | pflanz en | aus teil en

Wortstamm | Wortstamm + Endung | Vorsilbe + Wortstamm + Endung

① Markiere die Bausteine mit den richtigen Zeichen.

finden du findest erfinden der Finder findig

Diese Wörter gehören zur Wortfamilie finden.

jung der Junge der Jünger verjüngen jüngst

Diese Wörter gehören zur Wortfamilie jung.

② Ordne die Wörter aus Aufgabe 1.

: jung

: finden, findest, Finder, findig, Junge, Jünger, jüngst

: erfinden, verjüngen

③ Wörter mit zwei Wortstämmen. Markiere.

der Erdball das Armband
der Bahnhof das Ballettkleid der Bleistift
der Dickkopf der Luftdruck die Haustür

④ Wörter mit „Puffer-s"

Glück s tag Schiff s junge Markierung s linie

Markiere die Wortstämme und das „Puffer-s" in den Wörtern.

der Königspinguin der Adventskalender der Liebesbrief
das Rettungsboot der Weihnachtsbaum die Eintrittskarte

⑤ Zerlege die Wörter.

Königspinguin: König + Pinguin; Adventskalender: Advent + Kalender; Liebesbrief: Liebe + Brief; Rettungsboot: Rettung + Boot; Weihnachtsbaum: Weihnacht + Baum; Eintrittskarte: Eintritt + Karte

⑥ Schwarzes Schaf.
In jede Zeile hat sich ein Wort ohne Puffer-s eingeschlichen. Finde es heraus und streiche es. Markiere die Bausteine in den übrigen Wörtern.

das Eselsohr ~~die Fremdsprache~~ der Geburtstag
das Geduldsspiel das Glücksgefühl ~~der Gabelstapler~~

Ich kann Wörter in ihre Bausteine zerlegen.

Endbausteine

① Ordne die Wörter nach ihren Endbausteinen.
Markiere und .

das Geheimnis die Sicherheit das Erlebnis die Sauberkeit
die Trockenheit die Änderung die Kühlung die Tapferkeit

ung: die Änderung, die Kühlung
heit: die Sicherheit, die Trockenheit
keit: die Sauberkeit, die Tapferkeit
nis: das Geheimnis, das Erlebnis

② Setze passende Endbausteine ein.

die Versicherung die Trockenheit die Müdigkeit
das Zeugnis die Hoffnung die Heiterkeit

③ Ordne die Wörter nach ihren Endbausteinen. Markiere und .

gruselig herrlich gemütlich kitzlig giftig glücklich

ig: gruselig, kitzlig, giftig
lich: herrlich, gemütlich, glücklich

④ Setze die passenden Endbausteine ein.

kürzlich künftig lächerlich
schmutzig nützlich steinig

Anfangsbausteine

① Setze die passenden Vorsilben und Verben zusammen. Markiere .

ab-	ein-	um-
auf-	ver-	vor-

sagen, drehen, gehen, biegen, spielen, fallen, blicken, suchen

ab: z. B. absagen abbiegen abfallen absuchen
auf: z. B. aufsagen aufdrehen aufgehen aufbiegen
um: z. B. umdrehen umbiegen umfallen umblicken
ein: z. B. eindrehen einbiegen einspielen einfallen
ver: z. B. versagen verdrehen verbiegen verfallen
vor: z. B. vorsagen vorgehen vorspielen vorfallen

② Bilde verschiedene Wörter. Markiere , und .

aus ent hin an be her komm en nach vor mit unter um

aus komm en an komm en ent komm en
be komm en mit komm en
um komm en vor komm en
unter komm en nach komm en
her komm en hin komm en

③ Schreibe passende Wörter aus Aufgabe 2 zu den Erklärungen.

eintreffen, sich einfinden: ankommen
etwas erhalten: bekommen
sein Leben verlieren: umkommen
etwas später folgen: nachkommen

Schnelles und fehlerfreies Abschreiben kannst du trainieren.
Übe nach folgenden Schritten:

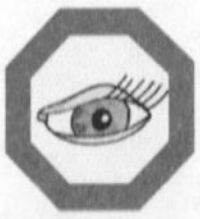

Ich lese mir einen Satz genau durch.

Gibt es für mich schwierige Stellen?
– Ich markiere sie (wenn möglich).

Ich merke mir den Satz oder einen Teil davon – so viel, wie ich gut schaffen kann.

Ich schreibe auswendig auf.

Ich kontrolliere Wort für Wort.
Fehler bessere ich aus.

Schreibe ab.

An vielen Teichen und Seen kannst du im Sommer Libellen beobachten. Diese Insekten sind Künstler der Lüfte. Sie können blitzschnell vorwärts, seitwärts und sogar rückwärts fliegen. Wie ein Hubschrauber bleiben sie auch in der Luft stehen. Libellenmännchen leuchten metallisch blau. Die Weibchen sind braun und schimmern grün. Die Larven der Libelle sind sehr gefräßig. Wenn sie weit genug entwickelt sind, schlüpfen sie aus ihrer Hülle.

An vielen Teichen und Seen kannst du im Sommer Libellen
beobachten. Diese Insekten sind Künstler der Lüfte. Sie können
blitzschnell vorwärts, seitwärts und sogar rückwärts fliegen.
Wie ein Hubschrauber bleiben sie auch in der Luft stehen.
Libellenmännchen leuchten metallisch blau. Die Weibchen sind
braun und schimmern grün. Die Larven der Libelle sind sehr
gefräßig. Wenn sie weit genug entwickelt sind, schlüpfen sie aus
ihrer Hülle.

Ich habe das Abschreiben richtig trainiert.

① Überlege und schreibe die Sätze richtig auf.

MORGEN IST WANDERTAG IN DER SCHULE.
WIR GEHEN MIT UNSERER LEHRERIN AUF DEN WALDERLEBNISPFAD. DORT WERDEN WIR VIEL SPAß HABEN UND DABEI NOCH ETWAS ÜBER DIE NATUR LERNEN.

Morgen ist Wandertag in der Schule.
Wir gehen mit unserer Lehrerin auf den Walderlebnispfad.
Dort werden wir viel Spaß haben und dabei
noch etwas über die Natur lernen.

② Finde die 8 Fehler und bessere sie aus.

~~d~~ie ~~f~~ichte [D, F] gehört zu den Nadelbäumen. Du erkennst sie an ihrer rötlichen, schuppigen ~~r~~inde [R] und den spitzen Nadeln. Diese nadelförmigen Blätter bleiben auch im ~~w~~inter [W] am Baum. ~~e~~ine [E] Wachsschicht schützt sie vor ~~k~~älte [K]. Die Fichte ist bei uns der häufigste Nadelbaum und dient vor allem als ~~h~~olzlieferant [H]. ~~b~~ei [B] Sturm ist sie aufgrund ihrer flachen Tellerwurzeln besonders davon bedroht, umzufallen.

③ Bilde hier zusammengesetzte Nomen.
Schreibe sie mit Artikel auf.

Geburt | laufen | Unterricht | Weihnachten | Recht
kochen | sauer | Fach | Baum
Tag | Anwalt | Rahm | Buch | Schuh

der Geburtstag, das Unterrichtsfach,
der Weihnachtsbaum, der Rechtsanwalt,
das Kochbuch, der Sauerrahm,
der Laufschuh

① Lies die Sätze. Trage die fehlenden Wörter in das Kreuzworträtsel ein.

1			I	N	F	O	R	M	A	T	I	O	N	E	N
2									B	I	T	T	E		
3	G	E	H	E	I	M	N	I	S						
4							M	U	T						
5					I	N	T	E	R	E	S	S	E		
6							K	R	A	N	K	H	E	I	T
7					G	L	Ü	C	K						
8			Z	U	K	U	N	F	T						

1) Suche dir im Internet … zum Thema Delfine.

2) Ich habe eine riesengroße … an dich.

3) Du sollst das … nicht verraten.

4) Ein Held beweist viel …

5) Nein, danke. Daran habe ich kein …

6) Ein Symptom dieser … ist Fieber.

7) Da hast du aber … gehabt!

8) In … will ich das nicht mehr erleben.

Lösungswort: abstrakt

?! Zu welchen besonderen Nomen gehören alle Rätselwörter?

② Setze in den Brief die passenden Fürwörter (Pronomen) ein. Entscheide, ob du sie kleinschreiben möchtest. Beide Schreibweisen sind erlaubt.

Dir deine Deinen deinem Du dein dir Deine deinen Du dich du dein dir deine Deiner deiner du dein

du Dein dir Deine deinen Deinem dich Du dein

Lieber Markus,

danke für deinen/Deinen Brief. Ich freue mich immer, von dir/Dir zu hören. Ich habe Mama schon von deinem/Deinem Besuch im August erzählt. Hoffentlich bringst du/Du auch deinen/Deinen Hund mit. Ohne dich/Dich würde er es sowieso nicht zu Hause aushalten. Wie geht es deiner/Deiner Schwester? Schreib bald wieder!

Es grüßt dich/Dich deine/Deine Lea

dir deine dir Deine deinen Deinem dich Du dein

Dir deine Deinen deinem Du dein Dir deine Dir deine Deinen du dich du dein dir deine deinen deinem

③ Schreibe den gleichen Brief in Höflichkeitsform an Frau Meier.

Ihre Ihren Ihrem Sie Ihr Ihnen Ihre Ihren Ihrem Sie Ihr Ihnen Ihr Ihren Ihrem Sie Ihr Ihnen Ihre Ihren

Sie Ihr Ihnen Ihre Ihren Ihrem Sie Ihr Ihnen

Sehr geehrte Frau Meier, danke für Ihren Brief. Ich freue mich immer, von Ihnen zu hören. Ich habe Mama schon von Ihrem Besuch im August erzählt. Hoffentlich bringen Sie auch Ihren Hund mit. Ohne Sie würde er es sowieso nicht zu Hause aushalten. Wie geht es Ihrer Schwester? Schreiben Sie bald wieder! Es grüßt Sie Ihre Lea

Ihrem Sie Ihr Ihnen Ihre Ihren Ihrem Sie

Ihr Ihnen Ihre Ihren Ihrem Sie Ihr Ihnen Ihre Ihren Ihrem Sie Ihr Ihnen Ihre Ihren Ihrem Sie Ihr Ihnen

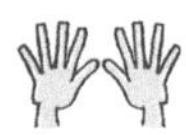

e oder **ä**?

eu oder **äu**?

?

Gibt es einen Verwandten mit a?

Gibt es einen Verwandten mit au?

nein → H(e)rzen, F(eu)er

ja → H(ä)nde, B(äu)me

① Gibt es einen a- oder au-Verwandten? Wie wird das Wort geschrieben?

☒ ja ☐ nein Welchen? Zahn Also: Zähne

☐ ja ☒ nein Welchen? ____ Also: Geld

☐ ja ☒ nein Welchen? ____ Also: Teufel

☒ ja ☐ nein Welchen? Haus Also: Häuser

② Suche einen a- oder au-Verwandten.

das Hähnchen	↔	der Hahn
kräftig	↔	die Kraft
der Läufer	↔	laufen
einfädeln	↔	der Faden
der Hosenträger	↔	tragen
das Täubchen	↔	die Taube
der Tennisschläger	↔	schlagen
aufräumen	↔	der Raum
die Sträucher	↔	der Strauch

③ Suche einen ä- oder äu-Verwandten.

der Hang	↔	hängen
der Kamm	↔	kämmen
die Angst	↔	ängstlich
bauen	↔	das Gebäude
die Gefahr	↔	gefährlich
kaufen	↔	käuflich
klar	↔	klären
die Naht	↔	nähen
laut	↔	läuten

Ich kann passende Verwandte finden.

Nachdenken über ä und äu (2)

④ Verkleinere oder vergrößere:

der Hase	↔	das Häschen
die Taube	↔	das Täubchen
die Pflanze	↔	das Pflänzchen
der Kauz	↔	das Käuzchen
das Haus	↔	das Häuschen
der Wald	↔	das Wäldchen
der Baum	↔	das Bäumchen

⑤ Setze die Verben in der richtigen Form ein.

laufen schlagen fangen saufen fahren fallen schlafen

Paul fängt einen Fisch.

Leonie fährt in den Urlaub.

Papa schlägt einen Nagel in die Wand.

Das Buch fällt auf den Boden.

Die Kuh säuft Wasser.

Tim schläft tief und fest.

Kilian läuft schneller als Markus.

⑤ Suche viele Verwandte.
Das Wörterbuch kann dir helfen.

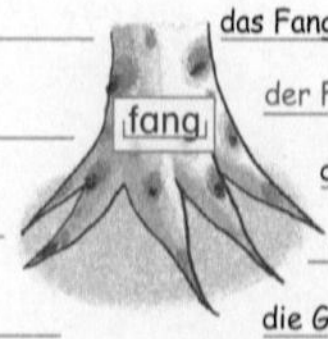

z. B.

fangen — das Fangspiel
Gefängnis — der Fänger
der Gefangene — die Fangfrage
gefangen — fangfrisch
die Gefangenschaft

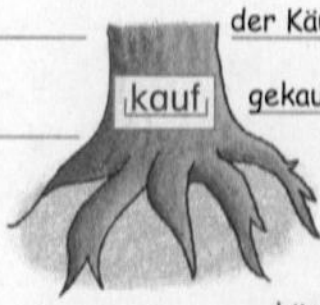

z. B.

kaufen — der Käufer
das Kaufhaus — gekauft
verkaufen — der Verkäufer
der Kaufpreis — der Kaufmann
käuflich

?! Hier stimmt etwas nicht!

Wälder – Fälder
Zäune – Schäune

Ich kenne mich mit a/ä-Verwandten und au/äu-Verwandten aus.

Nachdenken über Auslaute (1)

t oder d?
k oder g?
p oder b?

?

Ich suche einen längeren Verwandten und spreche in Silben.

Bro-(t)e → Bro(t)
Hun-(d)e → Hun(d)
Bän-(k)e → Ban(k)
Zü-(g)e → Zu(g)
Mi-kro-sko-(p)e → Mikrosko(p)
Kör-(b)e → Kor(b)

① Die Mehrzahl kann helfen.

das Pfun d, weil die Pfun-de

der Ausflu g, weil die Ausflü-ge

das Geschen k, weil die Geschen-ke

das Sie b, weil die Sie-be

der Ty p, weil die Ty-pen

② Verbinde mit einem nützlichen Verwandten und trage den fehlenden Buchstaben ein.

die Wil d katze	die Zü- g e
die Bra t pfanne	san- d ig
der Zu g begleiter	lie- b en
die Hal b zeit	bra- t en
der San d kasten	lan- g e
der Lan g schläfer	wil- d e
der Tan k wart	die Far- b e
das Lie b lingstier	hal- b e
der Far b topf	tan- k en

?! Bei zusammengesetzten Wörtern muss ich erst …

③ Bilde Adjektive und schreibe sie auf.

die Ecke | der Zorn | die Not | der Schmutz | die Zeit
die Eile | die Schwierigkeit | die Lust | die Freude

eckig, zornig, nötig, schmutzig, zeitig,
eilig, schwierig, lustig, freudig

Höre ich am Ende einen harten Auslaut, suche ich einen längeren Verwandten und spreche in Silben.

Nachdenken über Auslaute (2)

① Ergänze die Lücken, verändere die Wörter, sodass sie sinnvoll in die Lücken passen.

(san d ig, die Strän d e)

Am Strand läuft Leonie durch den Sand.

(schmutzi g e, die Kör b e)

Im Korb liegt die Wäsche.

Sie ist schmutzig.

(die Ban k en, die b isch)

Der Dieb raubt die Bank aus.

(die Mon d e, gel b e, zel t en)

Der Mond steht gelb am Himmelszelt.

② Hier hilft kein Nachdenken. Erfinde zu jedem Wort einen Satz.

und: Zeige deine Sätze

ob: einem Erwachsenen.

Lautverhärtung bei Verben

① Finde 12 versteckte Verben. ↓ → ↘ ↗

U	M	F	P	X	Y	Q	A	R	Z	A	N	Y	B	H
P	V	B	B	O	E	K	N	T	L	E	I	N	B	K
O	T	P	Q	U	R	U	S	S	G	R	E	T	E	U
B	G	Y	V	F	B	G	Y	A	G	B	G	S	R	U
T	I	V	S	X	E	J	L	O	O	E	J	F	P	N
L	I	E	B	E	N	K	Q	L	D	N	B	Q	E	V
S	Q	H	L	M	E	R	K	E	N	E	M	K	Z	U
O	J	M	E	S	O	R	A	P	Q	X	N	I	D	L
R	U	J	K	B	I	T	L	U	S	I	N	E	H	C
G	Z	H	Q	H	E	E	W	M	H	I	U	E	H	B
E	M	L	P	A	I	N	G	P	G	E	B	E	N	D
N	I	T	Q	Z	V	O	P	E	E	X	I	P	P	T
S	Ä	G	E	N	S	R	T	N	N	G	O	N	O	H

② Schreibe die Verben in Silben und setze sie in die 3. Person (er/sie/es).

sä-gen, er sägt sor-gen, er sorgt

lie-ben, er liebt er-ben, er erbt

he-ben, er hebt sie-gen, er siegt

mer-ken, er merkt kla-gen, er klagt

lo-ben, er lobt pum-pen, er pumpt

hin-ken, er hinkt ge-ben, er gibt

Lautverhärtungen machen mir keine Schwierigkeiten.

Nachdenken hilft …

① Entscheide, welche Wörter groß geschrieben werden. Kreise den entsprechenden Anfangsbuchstaben grün ein.

- viele köche verderben den brei.
- gut ding will weile haben.
- morgenstund hat gold im mund.
- lügen haben kurze beine.
- was du heute kannst besorgen, das verschiebe nicht auf morgen.
- aller guten dinge sind drei.

?! Kannst du diese Redewendungen erklären?

② In diesem Brief fehlen die Anredefürwörter. Setze ein.

Sehr geehrte Frau Zünder,

natürlich werden wir Ihren Auftrag schnellstens bearbeiten und Ihnen die bestellten Bücher schicken. Bitte melden Sie uns noch Ihre Kontonummer. Vielen Dank für Ihre Bestellung. Sie hören von uns.

Ihre Luise Meier

③ In diese Wörter haben sich Fehler eingeschlichen. Suche den Wortverwandten, der dir hilft, und schreibe das Wort richtig.

das Sterkemehl	verwandter Helfer: stark richtig: das Stärkemehl
sie siekt	verwandter Helfer: siegen richtig: sie siegt
tenzeln	verwandter Helfer: tanzen richtig: tänzeln
der Kalpsbraten	verwandter Helfer: die Kälber richtig: der Kalbsbraten
die Heufigkeit	verwandter Helfer: der Haufen richtig: die Häufigkeit
die Fahrrattour	verwandter Helfer: die Räder richtig: die Fahrradtour

Merkwörter einprägen

So kannst du Merkwörter üben.

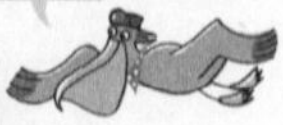

1 Schreibe deine Merkwörter auf ein Plakat. Schreibe sie bunt, ganz groß, klitzeklein – jedenfalls besonders ordentlich. Hänge dein Plakat an einer Stelle auf, wo du es oft siehst.

2 Schreibe das Wort, das du dir merken willst, auf einen Zettel. Stecke ihn in die Hosentasche. Oder in den Briefkasten, dann bekommst du das Wort morgen „mit der Post“.

3 Markiere die Merkstelle immer besonders: einkreisen, anmalen, unterstreichen, ...

4 Bilde kurze Sätze oder Unsinnsätze mit den Merkwörtern, z. B. Der Zahn fährt mit der Bahn.

5 Sortiere deine Merkwörter nach dem ABC. Schreibe sie geordnet auf.

6 Ordne die Merkwörter in Verben, Nomen und Adjektive.

7 Schreibe Wörter aus der Wortfamilie des Merkwortes auf, z. B. fahren, Fahrrad, gefährlich, die Gefahr, ...

8 Schreibe die Wörter in Silben gegliedert auf, z. B. Merk-wör-ter ü-ben.

9 Ordne die Wörter in einer Silbentabelle.

10 Kannst du zusammengesetzte Wörter mit deinem Merkwort bilden?

11 Übe die Merkwörter in einem Laufdiktat. Wörter auf einen Zettel schreiben – Zettel so weit weglegen, dass du hingehen musst – einige Wörter einprägen – zum Arbeitsplatz zurückgehen – aufschreiben – am Ende kontrollieren.

12 Suche einen Partner. Diktiert euch gegenseitig.

13 Richtig viel schreiben hilft. Schreibe eine ganze Zeile deines Merkworts. Oder eine ganze Seite. Oder gestalte eine Seite zu deinem Merkwort auf dem Computer.

Wörter mit V/v, die man sich merken muss

① Baue viele Wörter mit V/v. Markiere V/v farbig.

Ver	ver
der Versuch	versuchen

Vor	vor

Vogel	V/v oll
das Vogelhaus	vollständig

Zeige deine Wörter einem Erwachsenen oder schlage im Wörterbuch nach.

② Setze die passenden V/v-Wörter ein.

das Klavier

das Ventil

der Adventskranz

die Vase

der Verein

der Vogel

violett

Tunwörter heißen auch Verben.

a e i o u sind Vokale.

Ene, mene, mu ist ein Abzählvers.

Pippi lebt in der Villa Kunterbunt.

Klavier Ventil Verben Vase Adventskranz Vogel violett Villa Vokal Abzählvers Verein

③ Manche V/v-Wörter braucht man oft, z. B. viel, vielleicht, voll.

Schreibe sie in den Rahmen.

Suche noch mehr V/v-Wörter und schreibe sie auf.

Ich kenne viele Merkwörter mit V/v.

Wörter mit ß, die man sich merken muss

① Schreibe für die unterstrichenen Wörter das Gegenteil. Markiere **ß**.

die kalte Soße	die heiße	Soße
ein kleiner Blumenstrauß	ein großer	Blumenstrauß
ein saures Bonbon	ein süßes	Bonbon
der schwarze Schal	der weiße	Schal
ein fauler Schüler	ein fleißiger	Schüler
drinnen spielen	draußen	spielen

② Baue Wörter. Schreibe sie auf. Markiere **ß**.

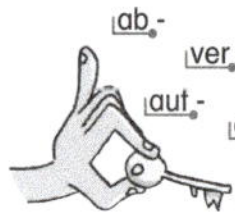

vergießen	abschließen
ausgießen	verschließen
abgießen	beschließen
begießen	aufschließen
eingießen	einschließen
aufgießen	anschließen

③ Schreibe das verwandte Wort dazu.

das Maß | gießen | grüßen | der Fleiß
spaßig | der Fuß | süß | die Straße

der Gruß	fleißig	barfuß
grüßen	der Fleiß	der Fuß
der Straßenlärm	die Gießkanne	die Süßigkeit
die Straße	gießen	süß
mäßig	der Spaß	
das Maß	spaßig	

④ Decke ab.
Welche Merkwörter mit **ß** hast du schon sicher auswendig im Kopf? Schreibe sie auf.

Ich kenne viele Merkwörter mit **ß**.

Wörter mit h, die man sich merken muss

① Gestalte eine Seite mit Ah ah, Eh eh, Oh oh, Uh uh, Äh äh, Öh öh, Üh üh-Wörtern.
Markiere die Stellen, die du dir merken musst, farbig.

Zeige diese Seite einem Erwachsenen.

Finde Wörter mit **ih**.

③ Setze die Wörter zusammen und schreibe sie auf.
Markiere die Merkstellen farbig.

Fahr- | Rühr- | -lich | -zahl | ehr- | Stuhl- | -rad | Bahn- | -voll
-schmerzen | -ei | Uhr- | Jahres- | gefühl- | -fahrt | -lehne | Ohr-
zeichen | Frühlings- | -zeiger | -blume | Zahn- | Verkehrs- | -ring

Fahrrad, Stuhllehne, Bahnfahrt, gefühlvoll, Zahnschmerzen,
Rührei, Frühlingsblume, Uhrzeiger, Ohrring,
Verkehrszeichen, Jahreszahl, ehrlich

④ Decke ab. Welche Merkwörter mit **h** hast du schon sicher auswendig im Kopf? Schreibe sie in den Kopf.

Ich kenne viele Merkwörter mit **h**.

Manchmal zeigen Buchstaben, dass ein Wort aus einer fremden Sprache kommt, z. B. das C oder das Y.

① Sortiere diese Wörter.
Markiere C/c und Y/y.

Xylofon Clown Computer CD-Rom Recycling
Baby Handy Teddy Chips Pony Cent Camping

C	Y
Clown	Xylofon
Computer	Recycling
CD-Rom	Baby
Recycling	Handy
Chips	Teddy
Cent	Pony
Camping	

② Kleider, die wir gerne tragen.
Schreibe sie zum richtigen Bild.

Sweatshirt T-Shirt Jeans Jogginganzug

Jeans T-Shirt Jogginganzug Sweatshirt

③ Platz für deine Fremdwörter.

Zeige diese Seite einem Erwachsenen.

Erinnere dich, welche Schritte dir zum richtigen und zügigen Abschreiben helfen. Formuliere Sätze.

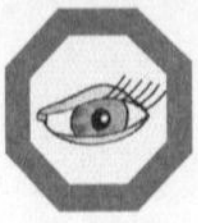

Ich lese mir einen Satz genau durch.

Gibt es für mich schwierige Stellen?
Ich markiere sie (wenn möglich).

Ich merke mir den Satz oder einen Teil davon – so viel, wie ich gut schaffen kann.

Ich schreibe auswendig auf.

Ich kontrolliere Wort für Wort.
Fehler bessere ich aus.

Schreibe ab.

Computer, Handy, Navigationsgeräte und viele andere elektronische Medien und Apparate bestimmen heute unser tägliches Leben. Dadurch werden Menschen flexibler und mobiler. Weite Entfernungen spielen keine so große Rolle mehr, da jederzeit miteinander kommuniziert werden kann. Die Geräte sind aber auch Statussymbole. Nur wer genügend Geld hat, kann alle Trends mitmachen und ist „in".

Computer, Handy, Navigationsgeräte und viele andere elektronische Medien und Apparate bestimmen heute unser tägliches Leben. Dadurch werden Menschen flexibler und mobiler. Weite Entfernungen spielen keine so große Rolle mehr, da jederzeit miteinander kommuniziert werden kann. Die Geräte sind aber auch Statussymbole. Nur wer genügend Geld hat, kann alle Trends mitmachen und ist „in".

Wörter mit doppeltem Selbstlaut

① Bilde zusammengesetzte Wörter mit Doppelselbstlauten.

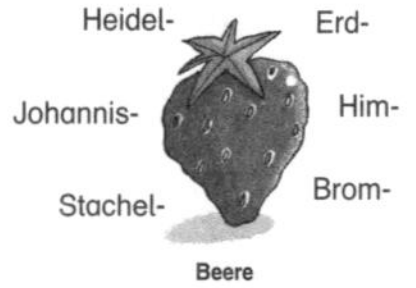

Heidelbeere
Erdbeere
Himbeere
Brombeere
Stachelbeere
Johannisbeere

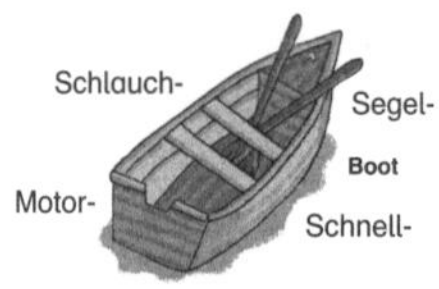

Schlauchboot
Segelboot
Schnellboot
Motorboot

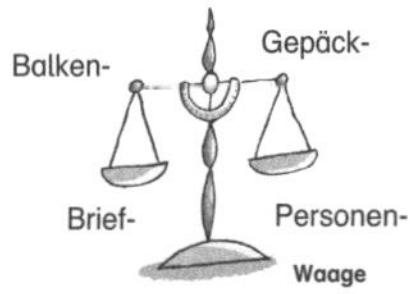

Balkenwaage
Gepäckwaage
Briefwaage
Personenwaage

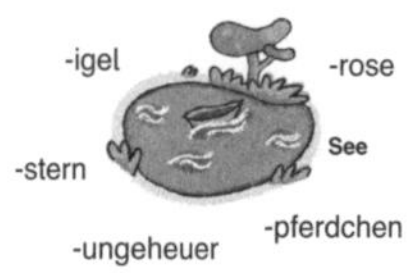

Seeigel
Seerose
Seepferdchen
Seeungeheuer
Seestern

② Schreibe Sätze auf, in denen Wörter mit doppelten Selbstlauten vorkommen. Markiere die doppelten Selbstlaute farbig.

aa ee oo

Zeige deine Sätze einem Erwachsenen.

Zwei zusammen sind ein Paar.

Mehr als zwei sind ein paar …

Merkwörter mit ä ohne a-Verwandten

① Male verwandte Wörter mit der gleichen Farbe aus.

schräg | 1 die Erkältung | 2 der Schläger | die Träne | 3 hängen | krähen | während | 4 die Späße | der Lärm | 5 zählen | 1 kalt | mähen | 5 die Zahl | 4 spaßig | der Käse | der Käfig | 3 der Hang | 2 schlagen

Bei einigen Wörtern mit ä kannst du lange suchen. – Du wirst keinen a-Verwandten finden! Diese Wörter musst du dir merken.

② Schreibe von jedem Merkwort mit ä eine Zeile.
Markiere die Merkstelle immer rot.

schr(ä)g, schr(ä)g, schr(ä)g, schr(ä)g, schr(ä)g, schr(ä)g,
die Tr(ä)ne, die Tr(ä)ne, die Tr(ä)ne, die Tr(ä)ne, die Tr(ä)ne,
kr(ä)hen, kr(ä)hen, kr(ä)hen, kr(ä)hen, kr(ä)hen, kr(ä)hen,
w(ä)hrend, w(ä)hrend, w(ä)hrend, w(ä)hrend, w(ä)hrend,
der L(ä)rm, der L(ä)rm, der L(ä)rm, der L(ä)rm, der L(ä)rm,
m(ä)hen, m(ä)hen, m(ä)hen, m(ä)hen, m(ä)hen, m(ä)hen, m(ä)hen,
der K(ä)se, der K(ä)se, der K(ä)se, der K(ä)se, der K(ä)se,
der K(ä)fig, der K(ä)fig, der K(ä)fig, der K(ä)fig, der K(ä)fig,

Langes i in -in und -ine

① Verbinde mit dem richtigen Ende.
Manchmal passen beide.

Diese Enden haben ein langes i – aber kein ie.

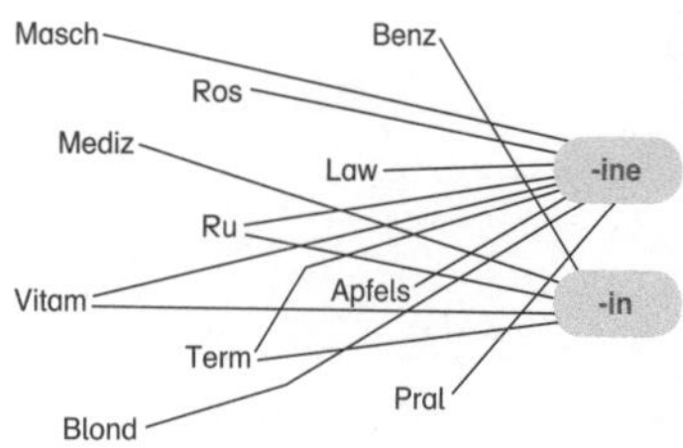

② Schreibe die Wörter mit Artikel auf.
Markiere das Ende jeweils rot.

die Masch(ine), das Benz(in), die Ros(ine), die Mediz(in),
die Law(ine), die Ru(ine), der Ru(in), die Apfels(ine),
das Vitam(in), die Vitam(ine), der Term(in), die Term(ine),
die Blond(ine), die Pral(ine)

Ich kenne viele Merkwörter mit ä und langem i.

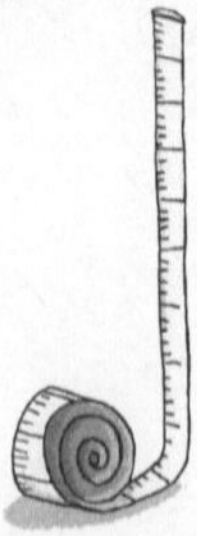

der Fuchs
wechseln
der Dachs
sechs
wachsen
der Ochse
die Büchse
die Achsel
die Deichsel
die Eidechse
der Lachs

① Markiere alle **chs** mit rot.

② Setze die richtigen Tiernamen ein:

		O							
L	A	C	H	S					
		H				F			
		S				U			
		E	I	D	E	C	H	S	E
						H			
		D	A	C	H	S			

③ Suche alle Wörter zu den Wortfamilien wachsen (6) und wechseln (7). ↓ → ↘

E	P	C	A	U	S	W	E	C	H	S	E	L	N	E
V	L	X	G	U	J	H	X	V	Q	Q	L	C	O	R
E	W	S	X	V	A	O	X	E	L	R	N	N	M	W
R	E	J	G	K	H	B	G	R	Z	B	K	J	M	A
W	C	E	E	E	M	G	W	W	Q	O	E	Y	R	C
E	H	R	W	I	L	D	W	E	C	H	S	E	L	H
C	S	W	Ä	W	N	K	C	C	C	U	L	T	P	S
H	E	A	C	A	V	A	F	H	B	H	C	I	D	E
S	L	C	H	C	W	A	G	S	N	R	S	O	V	N
L	G	H	S	H	E	C	E	E	R	L	J	E	D	S
U	E	S	H	S	C	Y	N	L	W	C	T	K	L	M
N	L	E	A	T	H	M	F	N	I	Ä	C	P	E	T
G	D	N	U	U	S	Y	C	L	H	W	C	T	H	R
G	C	E	S	M	E	A	I	U	H	G	M	H	G	I
B	M	R	F	W	L	W	Ä	C	H	S	T	P	S	T

④ Schreibe die Wörter hier geordnet auf (Nomen mit Artikel).

wachsen: erwachsen, der Erwachsene, wächst, das Wachstum, das Gewächshaus, das Gewächs

wechseln: die Verwechslung, der Wechsel, der Wildwechsel, wechselt, verwechseln, auswechseln, das Wechselgeld

Ich habe mir viele chs-Wörter gemerkt.

Forscher zeichen

◡◡	⊔•⊔•⊔	!
Silben	Bausteine	Knackstellen

① Ergänze die Forscherblätter.
Markiere die Wörter wie im Beispiel.

	der Füller
◡◡	Fül‿ler
⊔•⊔	Füll‿er
!	Ⓕü(ll)er
!	☒ erklären ☐ merken

	die Versicherung
◡◡	Ver‿si‿che‿rung
⊔•⊔	Ver•sicher•ung
!	Ⓥersicherunⓖ
!	☐ erklären ☒ merken

	ängstlich
◡◡	ängst‿lich
⊔•⊔	ängst•lich
!	ⓐngstlich
!	☒ erklären ☐ merken

	die Villa
◡◡	Vil‿la
⊔•⊔	Villa
!	Ⓥi(ll)a
!	☐ erklären ☒ merken

② Nenne mögliche Regeln oder Gründe für die Knackstellen.

③ Ergänze die Forscherblätter wie in Aufgabe 1.

	befehlen
◡◡	be‿feh‿len
⊔•⊔	be•fehl•en
!	befeⓗlen
!	☐ erklären ☒ merken

	die Straße
◡◡	Stra‿ße
⊔•⊔	Straße
!	Stra(ß)e
!	☐ erklären ☒ merken

	wegrennen
◡◡	weg‿ren‿nen
⊔•⊔	weg•renn•en
!	wegre(nn)en
!	☒ erklären ☐ merken

	dreckig
◡◡	dre‿ckig
⊔•⊔	dreck•ig
!	dre(ck)ig
!	☐ erklären ☒ merken

④ Nenne mögliche Regeln oder Gründe für die Knackstellen.

⑤ Erinnerst du dich? Ergänze.

Knackstellen zum Erklären	Knackstellen zum Merken
(ll) (nn) ⓐ̈	(ß) ⓗ (ck) ⓥ

se hen

① Schreibe die Wörter auf.

dro- ru- lei- mu- fle- zie- ge- dre- hen

drohen, ruhen, leihen, muhen,

flehen, ziehen, gehen, drehen

② Das h bleibt da!

Die Hähne krähen. Der Gockel kräht auf dem Mist.

In der Bücherei kann ich Bücher ausleihen. Meine Freundin leiht mir ein Buch.

Kinder gehen zur Schule. Uli geht zur Schule.

Nach dieser Anstrengung will ich ruhen. Wer müde ist, ruht sich aus.

Dunkle Wolken ziehen heran. Es zieht ein Gewitter auf.

Im Feuer glimmen glühende Kohlen. Die Sonne glüht heiß.

③ Auch hier bleibt das h in der Wortfamilie.
Bilde viele Wörter.

ge, ver, be, er, ent, zer, auf, aus, an, ein, her, hin, ab, durch, mit, nach, über, zu, weg, vor, um, unter

zieh

geh

leih

s, e, st, bar, t, en, er, keit, heit, ung

Zeige deine Wörter einem Erwachsenen.

Strategie 1

Höre ich ein
kurzes oder ein langes **i**?

Stift

Ziege

① Sprich die Wörter. Trage ▬ ein, wenn du ein langes **i** hörst.
Trage ● ein, wenn du ein kurzes **i** hörst.

▬

▬

●

●

② Schreibe die Wörter von Aufgabe 1.

der Spiegel — die Wiege

die Kiste — der Pilz

Strategie 2

Endet die erste Silbe mit **i**
oder mit einem Mitlaut?

Mitlaut — i

Kis te — Zie ge

③ Sprich die Wörter in Silben.
Entscheide, ob **ie** oder **i**.
Schreibe die Wörter auf. Kontrolliere mit den Silbenbögen.

die Briefe

der Pinsel

die Birne

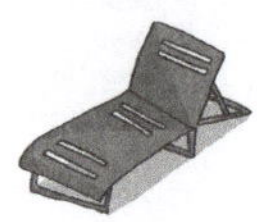
die Liege

Ich weiß, wann man **i** und wann man **ie** schreibt.

① Bilde mit den Bausteinen neue ie-Wörter.
Schreibe sie auf. Zeichne Silbenbögen ein.

zer ver vor er an

schieben	dienen	bieten	fließen
fliegen	frieren	zielen	schließen

verschieben, vorschieben, anschieben, Schieber,

verdienen, Diener, verbieten, anbieten,

z. B. Bieter, zerfließen, verfließen, verfliegen,

Flieger, anfrieren, anzielen,

verschließen, Schließer, anschließen,

② Finde Wörter, die zur Familie gehören. Schreibe sie auf.

ein an Zeug en vor **spiel** Heim ge ver Ball isch

einspielen, anspielen, das Spielzeug, spielen, das Heimspiel,
spielerisch, das Ballspiel, der Spielball, verspielen,
gespielt, vorspielen

③ Schreibe die Verben zu Ende. Markiere **ie**.

telefon**ie**ren	spaz**ie**ren
prob**ie**ren	fotograf**ie**ren
inform**ie**ren	gratul**ie**ren
mont**ie**ren	stolz**ie**ren
mark**ie**ren	pass**ie**ren

④ Schreibe Sätze mit den Wörtern von Aufgabe 1.
Vielleicht kannst du auch diese kurzen **ie**-Wörter dazu gut brauchen.

die nie viel wie sie dies

Zeige deine Sätze einem Erwachsenen.

Ich weiß, wann man **ie** schreibt.

m oder **mm?**
l oder **ll?**
t oder **tt?**
n oder **nn?**
s oder **ss?**
r oder **rr?**
p oder **pp?**
d oder **dd?**
f oder **ff?**
b oder **bb?**
g oder **gg?**
k oder **ck?**
z oder **tz?**

1 Mitlaut
Schal
Hupe
Besen

2 Mitlaute

2 verschiedene
Palme
Tulpe
Berg

2 gleiche
Ball
Puppe
Bett

Zeige deine Wörter einem Erwachsenen.

Suche für jede Möglichkeit weitere Beispiele.
Das Wörterbuch kann dir helfen.

① Lang oder kurz? Einfach oder doppelt?

s/ss	die Ho s e	bla ss	ra s ten
d/dd	die Nu d el	das Pa dd el	e d el
t/tt	ne tt	das We tt er	der A t em
m/mm	kä mm en	pu m pen	der Ei m er
z/tz	die Ta tz e	das Her z	spri tz en
r/rr	die Ka r te	der Bä r	knu rr en
l/ll	ho l en	der He l d	die Pi ll e
k/ck	kna ck en	das Kü k en	der Tri ck

② Schreibe in Silben getrennt auf.
Hat ein Wort nur eine Silbe, so bilde eine zweisilbige Form.
Markiere die Doppelmitlaute gelb.

fett Nüsse Katze Wolle Stoff knurren Teppich dünn Knall

fet-tig, Nüs-se, Kat-ze, Wol-le,
Stof-fe, knur-ren, Tep-pich,
dün-ne, knal-len

① Richtig oder falsch? Entscheide zuerst bei der Grundform.

	Grundform	richtig
Das **stimt** nicht!	stim-men	stimmt
Wann **trefft** ihr euch?	tref-fen	trefft
Papa **spült** heute.	spü-len	spült
Du hast es **geschafft**!	schaf-fen	geschafft
Komst du mit?	kom-men	kommst
Mama **hollt** mich ab.	ho-len	holt
Der Schnellste **gewinnt**.	ge-win-nen	gewinnt
Stelt euch nicht so an!	stel-len	stellt
Die Tür **knarrt**.	knar-ren	knarrt
Die Biene **sumt** herum.	sum-men	summt
Kilian **mallt** gern.	ma-len	malt
Kennst du ihn?	ken-nen	kennst
Das **fält** mir auch auf.	auf-fal-len	fällt
Binndet das Seil fest.	bin-den	bindet
Du **spinnst** doch!	spin-nen	spinnst
Markus **pakt** den Koffer.	! pa-cken	packt
Das **gillt** nicht!	gel-ten	gilt

② Suche viele Verwandte.
Das Wörterbuch kann dir helfen.

roll

z. B. der Roller, der Rollkragen, die Rollschuhe, rollen, ausrollen, die Papierrolle, der Rollstuhl, die Rolltreppe, das Rollfeld

treff

z. B. treffen, eintreffen, der Treffpunkt, aufeinandertreffen, der Treffer, zutreffend, treffsicher, getroffen, trefflich

Achtung!
treffen aber: er traf
Findest du weitere Beispiele?

① Ordne die Wörter richtig ein.

die Ka_tz_e	der Pel_z_	bli_tz_en
der Kran_z_	die Är_z_tin	kra_tz_en
schma_tz_en	pu_tz_en	die Hei_z_ung
die Medi_z_in	die Wur_z_el	der Schmu_tz_
die Bre_z_el	die Mü_tz_e	der Pil_z_

Wörter mit tz: die Katze, blitzen, kratzen, der Schmutz, schmatzen, putzen, die Mütze

Wörter mit Mitlaut + z: der Pelz, die Ärztin, die Wurzel, der Kranz, der Pilz

Wörter mit z: die Heizung, die Medizin, die Brezel

Finde Wörter mit **zz**.

② Echte Doppelmitlaute?

Hosennaht	= die Hosen	+ die Naht
Kofferraum	= der Koffer	+ der Raum
Sporttasche	= der Sport	+ die Tasche
himbeerrot	= die Himbeere	+ rot
Safttüte	= der Saft	+ die Tüte
Löwennase	= der Löwe	+ die Nase
Ampellicht	= die Ampel	+ das Licht
regennass	= der Regen	+ nass

③ Finde Wörter mit echtem Doppelmitlaut.

mm nn pp ll rr ck zz tt ss dd mm tz pp bb gg nn ss ck ll tt nn tz mm nn pp ll rr ck zz tt ss dd mm

Zeige deine Sätze einem Erwachsenen.

pp ll rr ck zz tt ss dd mm tz pp bb gg nn ss ck ll tt nn rr ff bb pp ll rr ck zz tt ss dd mm tz pp bb

Ich weiß, wann ich Doppelmitlaute schreiben muss.

① Hier haben sich 11 Fehler bei der Groß- und Kleinschreibung eingeschlichen. Markiere die Fehler und schreibe den Text verbessert auf.

Das traurige schneewittchen wanderte über sieben Berge zu den sieben zwergen. diese Trösteten es und gaben ihm Essen und unterkunft. Schneewittchen beschloss, einen brief an den König zu schreiben: **Sehr geehrter Herr König, ich habe eine bitte an sie …** Nach sieben Tagen Kam die antwort des Königs, überbracht von dem Wunderschönen, jungen Prinzen, in den sich Schneewittchen sogleich verliebte.

Das traurige Schneewittchen wanderte über sieben Berge zu den sieben Zwergen. Diese trösteten es und gaben ihm Essen und Unterkunft. Schneewittchen beschloss, einen Brief an den König zu schreiben: Sehr geehrter Herr König, ich habe eine Bitte an Sie … Nach sieben Tagen kam die Antwort des Königs, überbracht von dem wunderschönen, jungen Prinzen, in den sich Schneewittchen sogleich verliebte.

② In diese Wörter haben sich Fehler eingeschlichen. Verbessere und erkläre, warum du so schreibst.

der Kumerkasten	Verbesserung: der Kummerkasten weil: Ich höre eine kurzes u, also schreibe ich zwei m.
blikken	Verbesserung: blicken weil: Ich höre eine kurzes i, aber es gibt keine zwei k. Ich schreibe ck.
das Risengebirge	Verbesserung: das Riesengebirge weil: Ich höre bei Riese ein langes i, also schreibe ich ie.
plazen	Verbesserung: platzen weil: Ich höre ein kurzes a. Es gibt aber kein zz, also schreibe ich tz.
fetige Pomes	Verbesserung: fettige Pommes weil: Ich höre ein kurzes e und ein kurzes o, also schreibe ich zwei t und zwei m.
der Lasowerfer	Verbesserung: der Lassowerfer weil: Nach dem kurzen a schreibe ich zwei s.

Das sind Quirin und Quirine.
Die beiden stecken voller Ideen und Geschichten.
Deshalb wollen sie Schriftsteller werden.
Eines Tages beschließen sie, ihre Geschichten für Kinder in Büchern aufzuschreiben.
Aber – Quirin und Quirine können nicht schreiben.
Sie grübeln und grübeln.
Da treffen sie …

Schreibe eine eigene kurze Geschichte.

Zeige deine Geschichte einem Erwachsenen.

Nach dem Schreiben: Du brauchst eine 

und einen .
Suche dir einen farbigen Kontrollstift.
Konzentriere dich immer nur auf eine Aufgabe.
Wenn du sie erledigt hast, hakst du sie ab.

① Lies deinen Text ganz langsam und sprich dazu. Zeige dabei mit deinem Kontrollstift unter jedem Wort mit und zeichne Silbenbögen. Dabei entdeckst du vielleicht solche Fehler: Schecke Papeir

② Markiere Stellen, bei denen du eine Rechtschreib-Frage hast. Gibt es zu dem Problem eine Seite in diesem Heft? Du kannst auch im Wörterbuch nachschlagen oder einen Erwachsenen befragen.

③ Satzanfänge schreibt man … Hast du nach jedem Punkt groß weitergeschrieben? Überprüfe.

④ Nomen schreibt man groß, alle anderen Wörter klein. Überprüfe deine Nomen.

Tipps von Pepe:

Überarbeite von hinten nach vorne. Beginne mit dem letzten Satz …

Ordentliche Schrift kannst du besser kontrollieren.

Selbst entdeckte Fehler sind keine Fehler mehr.

Platz für Wörter, die du dir einprägen möchtest:

Dein eigener Text

Pepe fliegt zum silbernen Stern

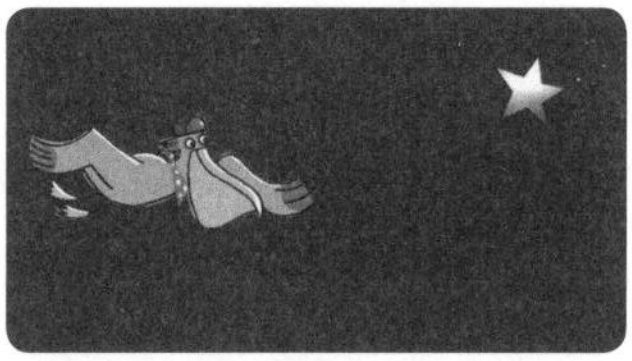

Pepes Reise war aufregend.
Vom silbernen Stern schreibt Pepe seinem Freund oder seiner Freundin. Was könnte in dem Brief stehen?

Liebe/r ____________________,

____

____

Zeige deinen Brief einem Erwachsenen.

____

____

Mir gefällt mein Brief gut.

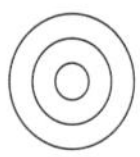

Deinen eigenen Text überarbeiten

Diese Seite kannst du herausschneiden.
Verwende Sie immer, wenn du Selbstgeschriebenes überarbeitest.

Nach dem Schreiben: Du brauchst eine 

und einen .
Suche dir einen farbigen Kontrollstift.
Konzentriere dich immer nur auf eine Aufgabe.
Wenn du sie erledigt hast, hakst du sie ab.

① Lies deinen Text ganz langsam und sprich dazu. Zeige dabei mit deinem Kontrollstift unter jedem Wort mit und zeichne Silbenbögen. Dabei entdeckst du vielleicht solche Fehler:
Schecke  Papeir 

② Markiere Stellen, bei denen du eine Rechtschreib-Frage hast. Gibt es zu dem Problem eine Seite in diesem Heft? Du kannst auch im Wörterbuch nachschlagen oder einen Erwachsenen befragen.

③ Satzanfänge schreibt man … Hast du nach jedem Punkt groß weitergeschrieben? Überprüfe.

④ Nomen schreibt man groß, alle anderen Wörter klein. Überprüfe deine Nomen.

Tipps von Pepe:

- Überarbeite von hinten nach vorne. Beginne mit dem letzten Satz …
- Ordentliche Schrift kannst du besser kontrollieren.
- Selbst entdeckte Fehler sind keine Fehler mehr.

Platz für Wörter, die du dir einprägen möchtest:

Wer hat die Schrift erfunden?

Mit Bildern fing alles an.
Vor vielen tausend Jahren malten die Menschen ihre Geschichten an Höhlenwände oder ritzten Zeichen in Steine.

Auch die Indianer erfanden eine Bilderschrift.
Sie schrieben auf Tierhäute.

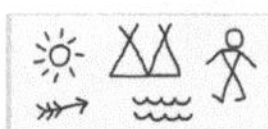

Die Ägypter hatten die Idee, jedes gesprochene Wort mit einem Zeichen darzustellen.
Ihre Bilderzeichen nennt man Hieroglyphen.

Aus Bilderschriften entstand die Buchstabenschrift.
Zum Glück. Wir müssen nur 26 Buchstaben lernen.
Jeder Buchstabe steht für einen Laut. Damit können wir alles schreiben, was wir sagen wollen.

Auf der Welt entwickelten sich verschiedene Buchstabenschriften. Griechische Buchstaben sehen zum Beispiel so aus: α β γ δ ε Υ Ω Σ Π

Die Wörter unserer Sprache ändern sich im Laufe der Jahrhunderte immer wieder.
Außerdem sprechen wir auch Laute, die im Alphabet keine eigenen Buchstaben haben.
Deshalb müssen Vereinbarungen getroffen werden, wie man Wörter *richtig* schreibt.

Warum soll eigentlich nicht jeder schreiben, wie er will?
Ganz einfach: Wenn jeder die Wörter anders schreiben würde, wären sie ziemlich schwer zu lesen.

Deshalb trainierst du mit den Rechtschreib-Stars.

3b. *Voll entfaltete phonemische Strategie*, z. B. lesn = lesen, manchmal Wiedergabe phonetischer Nuancen, z. B. – Phaul = Paul, – Khint = Kind.	Mit zunehmender Entfaltung der phonemischen Strategie können immer mehr Lernwörter gelernt werden. Behalten werden müssen vor allem die *Abweichungen von phonemischen Konstruktionen*, z. B. das zweite <t> in „Bett", das <e> in „liebe" etc.	Die phonemische Strategie überwiegt oft das Abrufen von Lernwörtern: phonemische Konstruktionen (z. B. Rola, komt, sie) oft auch bei Lernwörtern aus der Fibel.
4. *Entfaltete phonemische Strategie*, korrigiert durch strukturelle Regelmäßigkeiten, z. B. – les**en**, – Gab**el**.	Wie 3., zusätzliche Lernhilfe durch Erkennen von strukturellen Regelmäßigkeiten.	Ohne besondere Zuwendung der Aufmerksamkeit (Briefschreiben, Aufsätze) oft Bevorzugung von Konstruktionen über Lernwörter.
5. Wie 4., weiteres Erkennen und Anwenden von orthographischen Strukturen, z. T. explizit vermittelt, z. B. – Auslautverhärtung, – Vorsilben ver-, vor-, – Morpheme -ig, -lich, -ung.	Wie 3a. und 3b., zusätzliche Lernhilfen durch Kenntnisse weiterer orthographischer Regelmäßigkeiten, z. B. – Hun**d**, – **ver**gessen, – fröh**lich**. Leichter Erwerb von Lernwörtern.	Häufig Übertragung der erkannten orthographischen Regelmäßigkeiten auf ungeeignete Fälle („Übergeneralisierungen"), z. B. – Reze**b**t, – **ver**tig, – Str**ung** (Strunk)
6. Allmähliches Überwiegen des Abrufens von Lernwörtern über Konstruktionen („Automatisierung"); Reihenfolge der Buchstaben beim Schreiben wird aber immer noch von der gesprochenen Sprache begleitet und geleitet. Phonemische und orthographische Konstruktionen sind möglich.		

Aus: Ingrid M. Naegele, Renate Valtin, Grundlagen und Grundsätze der Lese-Rechtschreibförderung. LRS – Legasthenie in den Klassen 1–10. Beltz: Weinheim und Basel [6]2003

Im Bemühen richtig zu schreiben, beginnen Kinder, über die Rechtschreibung von Wörtern nachzudenken. Die Rechtschreib-Stars unterstützen diesen Prozess, indem sie Kinder anregen, sich auf einer Metaebene mit Sprache auseinanderzusetzen. Die Annäherung an

die rechtschriftliche Norm erfolgt individuell und nicht linear von falsch zu richtig. Fehler sind in diesem Prozess normal, sie geben Hinweise auf die individuelle Lernentwicklung.
Durch das Nachdenken über Geschriebenes wird in einem lebenslangen Prozess das individuelle Rechtschreibverständnis den allgemeinen Rechtschreibkonventionen angeglichen.

Die Rechtschreib-Stars im Unterricht

Die Rechtschreib-Stars können als unterrichtsbegleitende Übungshefte eingesetzt werden.

Mit der ergänzenden *Lernstandsdiagnose Deutsch 4 Rechtschreibung* kann auf einfache Weise das Kompetenzprofil eines Kindes ermittelt werden. Die elektronische Auswertungshilfe gibt automatisch Hinweise auf die Förderung des einzelnen Schülers, einer Fördergruppe und im Klassenverband.

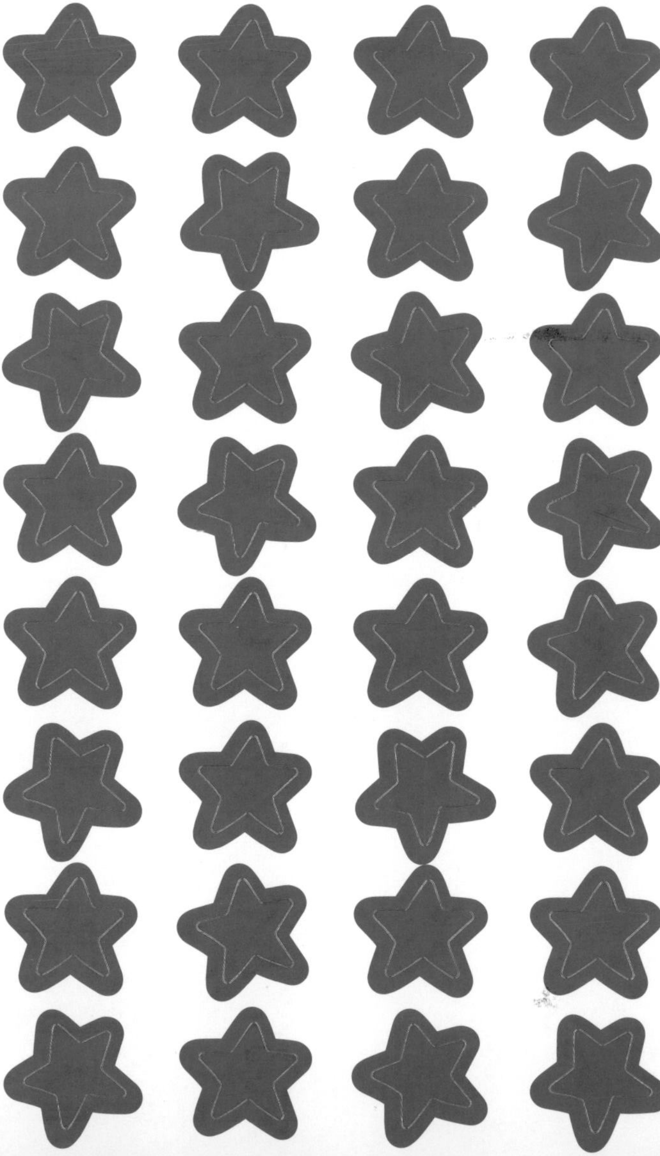

(3) Setze die Wörter zusammen und schreibe sie auf.
Markiere die Merkstellen farbig.

Fahr- Rühr- -lich -zahl ehr- Stuhl- -rad Bahn- -voll
-schmerzen -ei Uhr- Jahres- gefühl- -fahrt -lehne Ohr-
zeichen Frühlings- -zeiger -blume Zahn- Verkehrs- -ring

(4) Decke ab. Welche Merkwörter mit **h** hast du schon sicher auswendig im Kopf? Schreibe sie in den Kopf.

korrigiert: ☆

1. Sortiere diese Wörter.
   Markiere C/c und Y/y.

Xylofon Clown Computer CD-Rom Recycling
Baby Handy Teddy Chips Pony Cent Camping

C	Y

2. Kleider, die wir gerne tragen.
   Schreibe sie zum richtigen Bild.

Sweatshirt T-Shirt Jeans Jogginganzug

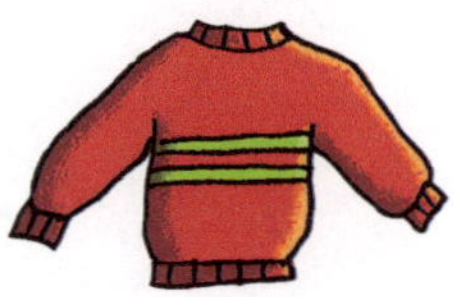

③ Platz für deine Fremdwörter.

korrigiert: ☆

Erinnere dich, welche Schritte dir zum richtigen und zügigen Abschreiben helfen. Formuliere Sätze.

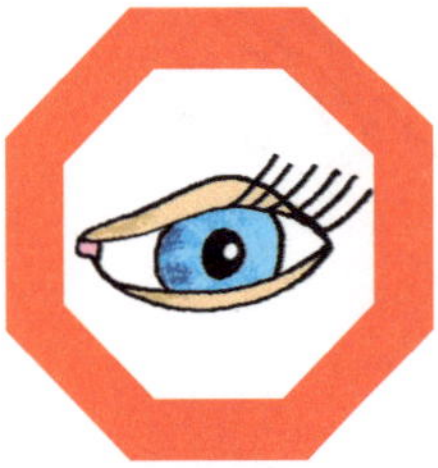

Schreibe ab.

Computer, Handy, Navigationsgeräte und viele andere elektronische Medien und Apparate bestimmen heute unser tägliches Leben. Dadurch werden Menschen flexibler und mobiler. Weite Entfernungen spielen keine so große Rolle mehr, da jederzeit miteinander kommuniziert werden kann. Die Geräte sind aber auch Statussymbole. Nur wer genügend Geld hat, kann alle Trends mitmachen und ist „in“.

korrigiert: ☆

① Bilde zusammengesetzte Wörter mit Doppelselbstlauten.

Heidel-
Erd-
Johannis-
Him-
Stachel-
Brom-

Beere

Schlauch-
Segel-

Boot
Motor-
Schnell-

Balken-
Gepäck-

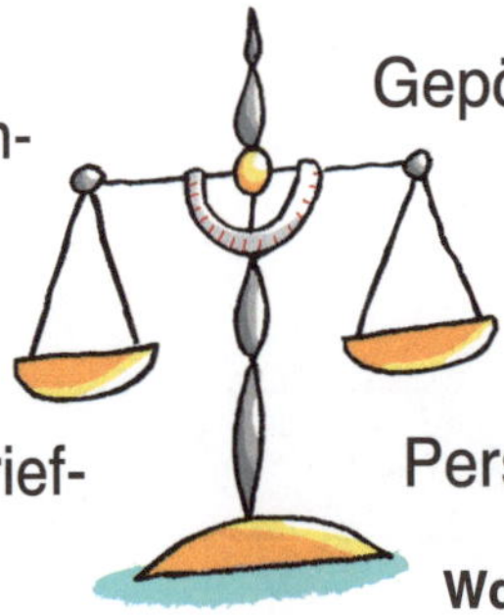

Brief-
Personen-
Waage

-igel
-rose

See
-stern
-pferdchen
-ungeheuer

2 Schreibe Sätze auf, in denen Wörter mit doppelten Selbstlauten vorkommen. Markiere die doppelten Selbstlaute farbig.

aa ee oo

Zwei zusammen sind ein Paar.

Mehr als zwei sind ein paar …

korrigiert:

Merkwörter mit **ä** ohne a-Verwandten

(1) Male verwandte Wörter mit der gleichen Farbe aus.

schräg | die Erkältung | der Schläger | die Träne

hängen | krähen | während | die Späße

der Lärm | zählen | kalt | mähen | die Zahl

spaßig | der Käse | der Käfig | der Hang | schlagen

Bei einigen Wörtern mit ä kannst du lange suchen. – Du wirst keinen a-Verwandten finden! Diese Wörter musst du dir merken.

(2) Schreibe von jedem Merkwort mit **ä** eine Zeile.
Markiere die Merkstelle immer rot.

korrigiert: ☆

Langes **i** in -in und -ine

1 Verbinde mit dem richtigen Ende.
Manchmal passen beide.

Masch

Benz

Ros

Mediz

Law

-ine

Ru

Vitam

Apfels

-in

Term

Pral

Blond

2 Schreibe die Wörter mit Artikel auf.
Markiere das Ende jeweils rot.

korrigiert: ☆

Dein Merkwörterschatz wird wachsen

der Fuchs
wechseln
der Dachs
sechs
wachsen
der Ochse
die Büchse
die Achsel
die Deichsel
die Eidechse
der Lachs

1. Markiere alle **chs** mit rot.

2. Setze die richtigen Tiernamen ein:

3 Suche alle Wörter zu den Wortfamilien wachsen (6) und wechseln (7). ↓ → ↘

E	P	C	A	U	S	W	E	C	H	S	E	L	N	E
V	L	X	G	U	J	H	X	V	Q	Q	L	C	O	R
E	W	S	X	V	A	O	X	E	L	R	N	N	M	W
R	E	J	G	K	H	B	G	R	Z	B	K	J	M	A
W	C	E	E	E	M	G	W	W	Q	O	E	Y	R	C
E	H	R	W	I	L	D	W	E	C	H	S	E	L	H
C	S	W	Ä	W	N	K	C	C	C	U	L	T	P	S
H	E	A	C	A	V	A	F	H	B	H	C	I	D	E
S	L	C	H	C	W	A	G	S	N	R	S	O	V	N
L	G	H	S	H	E	C	E	E	R	L	J	E	D	S
U	E	S	H	S	C	Y	N	L	W	C	T	K	L	M
N	L	E	A	T	H	M	F	N	I	Ä	C	P	E	T
G	D	N	U	U	S	Y	C	L	H	W	C	T	H	R
G	C	E	S	M	E	A	I	U	H	G	M	H	G	I
B	M	R	F	W	L	W	Ä	C	H	S	T	P	S	T

4 Schreibe die Wörter hier geordnet auf (Nomen mit Artikel).

wachsen:

wechseln:

korrigiert:

Forscher zeichen

◡◡	└•└┘•┘•–•	!
Silben	Bausteine	Knackstellen

① Ergänze die Forscherblätter.
Markiere die Wörter wie im Beispiel.

der Füller	
◡◡	Fül ler
└┘•┘ └• •–•	Füll er
!	(F)ü(ll)er
!	☒ erklären ☐ merken

die Versicherung	
◡◡	
└┘•┘ └• •–•	
!	(V)ersicherun(g)
!	☐ erklären ☐ merken

ängstlich	
◡◡	
└┘•┘ └• •–•	
!	
!	☐ erklären ☐ merken

die Villa	
◡◡	
└┘•┘ └• •–•	
!	
!	☐ erklären ☐ merken

② Nenne mögliche Regeln oder Gründe für die Knackstellen.

(3) Ergänze die Forscherblätter wie in Aufgabe 1.

befehlen	
!	
!	☐ erklären ☐ merken

die Straße	
!	
!	☐ erklären ☐ merken

wegrennen	
!	
!	☐ erklären ☐ merken

dreckig	
!	
!	☐ erklären ☐ merken

(4) Nenne mögliche Regeln oder Gründe für die Knackstellen.

(5) Erinnerst du dich? Ergänze.

Knackstellen zum Erklären	Knackstellen zum Merken
(ll)	(ß)
○	○

korrigiert:

h zwischen zwei Vokalen

se h en

① Schreibe die Wörter auf.

dro- ru- lei- mu- fle- zie- ge- dre- **hen**

____

____

____

② Das h bleibt da!

Die Hähne krähen. Der Gockel ______________ auf dem Mist.

In der Bücherei kann ich Bücher ausleihen. Meine Freundin

______________ mir ein Buch. 

Kinder gehen zur Schule. Uli ______________ zur Schule.

Nach dieser Anstrengung will ich ruhen. Wer müde ist,

______________ sich aus.

Dunkle Wolken ziehen heran. Es ______________ ein

Gewitter auf.

Im Feuer glimmen glühende Kohlen. Die Sonne

______________ heiß.

③ Auch hier bleibt das h in der Wortfamilie.
Bilde viele Wörter.

ge | ver | be | er | ent | zer | auf

aus | s

an | e

zieh

ein | st

her | bar

geh

hin | t

ab | en

leih

durch | er

mit | keit

nach | heit

über | zu | weg | vor | um | unter | ung

korrigiert: ☆

i oder ie?

Strategie 1

 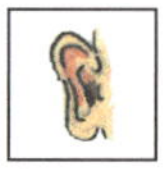

Höre ich ein
kurzes oder ein langes **i**?

Stift

Ziege

(1) Sprich die Wörter. Trage  ein, wenn du ein langes **i** hörst.
Trage 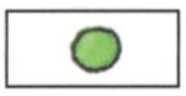 ein, wenn du ein kurzes **i** hörst.

(2) Schreibe die Wörter von Aufgabe 1.

Strategie 2

Endet die erste Silbe mit **i** oder mit einem Mitlaut?

Mit-laut → Kis te

i → Zie ge

③ Sprich die Wörter in Silben.
Entscheide, ob **ie** oder **i**.
Schreibe die Wörter auf. Kontrolliere mit den Silbenbögen.

korrigiert: ☆

1 Bilde mit den Bausteinen neue ie-Wörter.
Schreibe sie auf. Zeichne Silbenbögen ein.

zer ver vor er an

schieben	dienen	bieten	fließen
fliegen	frieren	zielen	schließen

verschieben

2 Finde Wörter, die zur Familie gehören. Schreibe sie auf.

an Zeug ein en vor **spiel** Heim ge isch ver Ball

(3) Schreibe die Verben zu Ende. Markiere **ie**.

telefon__________ spaz__________

prob__________ fotograf__________

inform__________ gratul__________

mont__________ stolz__________

mark__________ pass__________

(4) Schreibe Sätze mit den Wörtern von Aufgabe 1.
Vielleicht kannst du auch diese kurzen **ie**-Wörter dazu gut brauchen.

die nie viel wie sie dies

____

____

____

____

____

____

____

____

korrigiert: ☆

m oder mm?
l oder ll?
t oder tt?
n oder nn?
s oder ss?
r oder rr?
p oder pp?
d oder dd?
f oder ff?
b oder bb?
g oder gg?
k oder ck?
z oder tz?

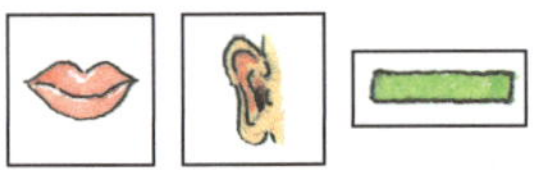

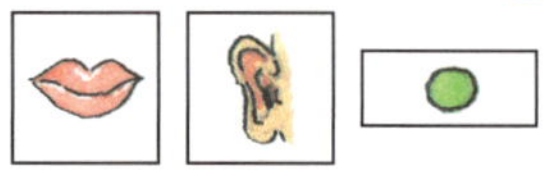

1 Mitlaut

Schal

Hupe

Besen

2 Mitlaute

2 verschiedene

Palme

Tulpe

Berg

2 gleiche

Ball

Puppe

Bett

Suche für jede Möglichkeit weitere Beispiele.
Das Wörterbuch kann dir helfen.

① Lang oder kurz? Einfach oder doppelt?

s/ss	die Ho___e	bla___	ra___ten
d/dd	die Nu___el	das Pa___el	e___el
t/tt	ne___	das We___er	der A___em
m/mm	kä___en	pu___pen	der Ei___er
z/tz	die Ta___e	das Her___	spri___en
r/rr	die Ka___te	der Bä___	knu___en
l/ll	ho___en	der He___d	die Pi___e
k/ck	kna___en	das Kü___en	der Tri___

② Schreibe in Silben getrennt auf.
Hat ein Wort nur eine Silbe, so bilde eine zweisilbige Form.
Markiere die Doppelmitlaute gelb.

fett Nüsse Katze Wolle Stoff knurren Teppich dünn Knall

fet-tig, ___

___

___

korrigiert: ☆

Nachdenken über Doppelmitlaute (2)

① Richtig oder falsch? Entscheide zuerst bei der Grundform.

	Grundform	richtig
Das **stimt** nicht!	stim-men	stimmt
Wann **trefft** ihr euch?		
Papa **spült** heute.		
Du hast es **geschafft**!		
Komst du mit?		
Mama **hollt** mich ab.		
Der Schnellste **gewinnt**.		
Stelt euch nicht so an!		
Die Tür **knarrt**.		
Die Biene **sumt** herum.		
Kilian **mallt** gern.		
Kennst du ihn?		
Das **fält** mir auch auf.		
Binndet das Seil fest.		
Du **spinnst** doch!		
Markus **pakt** den Koffer.	!	
Das **gillt** nicht!		

(2) Suche viele Verwandte.
Das Wörterbuch kann dir helfen.

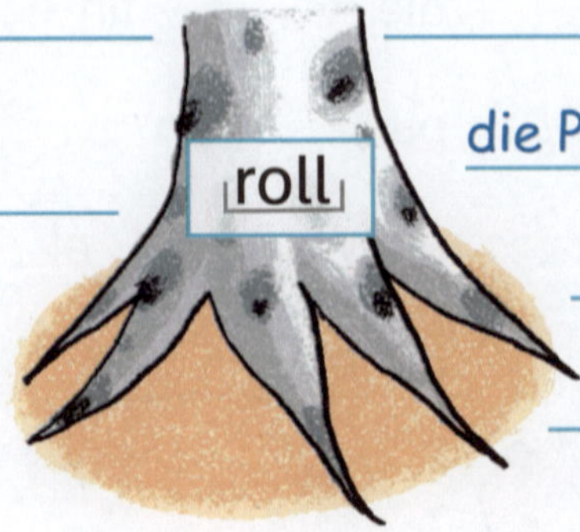

die Papierrolle

rollen

trefflich

?! Achtung!
treffen aber: er traf
Findest du weitere Beispiele?

korrigiert:

① Ordne die Wörter richtig ein.

die Ka______e	der Pel______	bli______en
der Kran______	die Är______tin	kra______en
schma______en	pu______en	die Hei______ung
die Medi______in	die Wur______el	der Schmu______
die Bre______el	die Mü______e	der Pil______

?! Finde Wörter mit **zz**.

(2) Echte Doppelmitlaute?

Hosennaht	=	die Hosen	+	die
Kofferraum	=		+	
Sporttasche	=		+	
himbeerrot	=		+	
Safttüte	=		+	
Löwennase	=		+	
Ampellicht	=		+	
regennass	=		+	

(3) Finde Wörter mit echtem Doppelmitlaut.

mm nn pp ll rr ck zz tt ss dd mm tz pp bb gg nn ss ck ll tt nn tz mm nn pp ll rr ck zz tt ss dd mm

pp pp
ll ll
rr rr
ck ck
zz zz
tt tt
ss ss
dd dd
mm mm
tz tz
ff ff
gg gg
nn nn
ss ss
ck ck
ll ll
tt tt

pp ll rr ck zz tt ss dd mm tz pp bb gg nn ss ck ll tt nn rr ff bb pp ll rr ck zz tt ss dd mm tz pp bb

korrigiert: ☆

① Hier haben sich 11 Fehler bei der Groß- und Kleinschreibung eingeschlichen. Markiere die Fehler und schreibe den Text verbessert auf.

Das traurige schneewittchen wanderte über sieben Berge zu den sieben zwergen. diese Trösteten es und gaben ihm Essen und unterkunft. Schneewittchen beschloss, einen brief an den König zu schreiben: **Sehr geehrter Herr König, ich habe eine bitte an sie …** Nach sieben Tagen Kam die antwort des Königs, überbracht von dem Wunderschönen, jungen Prinzen, in den sich Schneewittchen sogleich verliebte.

(2) In diese Wörter haben sich Fehler eingeschlichen.
Verbessere und erkläre, warum du so schreibst.

der Kumerkasten	Verbesserung: ______ weil: ______
blikken	Verbesserung: ______ weil: ______
das Risengebirge	Verbesserung: ______ weil: ______
plazen	Verbesserung: ______ weil: ______
fetige Pomes	Verbesserung: ______ weil: ______
der Lasowerfer	Verbesserung: ______ weil: ______

korrigiert: ☆

Das sind Quirin und Quirine.
Die beiden stecken voller Ideen und Geschichten.
Deshalb wollen sie Schriftsteller werden.
Eines Tages beschließen sie, ihre Geschichten für Kinder in Büchern aufzuschreiben.
Aber – Quirin und Quirine können nicht schreiben.
Sie grübeln und grübeln.
Da treffen sie ...

Schreibe eine eigene kurze Geschichte.

korrigiert: ☆

Nach dem Schreiben: Du brauchst eine 

und einen  .

Suche dir einen farbigen Kontrollstift.

Konzentriere dich immer nur auf eine Aufgabe.
Wenn du sie erledigt hast, hakst du sie ab.

① Lies deinen Text ganz langsam und sprich dazu. Zeige dabei mit deinem Kontrollstift unter jedem Wort mit und zeichne Silbenbögen. Dabei entdeckst du vielleicht solche Fehler:

Schecke  Papeir 

② Markiere Stellen, bei denen du eine Rechtschreib-Frage hast. Gibt es zu dem Problem eine Seite in diesem Heft? Du kannst auch im Wörterbuch nachschlagen oder einen Erwachsenen befragen.

③ Satzanfänge schreibt man … Hast du nach jedem Punkt groß weitergeschrieben? Überprüfe.

④ Nomen schreibt man groß, alle anderen Wörter klein. Überprüfe deine Nomen.

Tipps von Pepe:

Überarbeite von hinten nach vorne. Beginne mit dem letzten Satz …

Ordentliche Schrift kannst du besser kontrollieren.

Selbst entdeckte Fehler sind keine Fehler mehr.

Platz für Wörter, die du dir einprägen möchtest:

Pepe fliegt zum silbernen Stern

Pepes Reise war aufregend.
Vom silbernen Stern schreibt Pepe seinem Freund oder seiner Freundin. Was könnte in dem Brief stehen?

Liebe/r ______________________,

____

____

____

____

____

korrigiert: ☆

Deinen eigenen Text überarbeiten

Diese Seite kannst du herausschneiden.
Verwende Sie immer, wenn du Selbstgeschriebenes überarbeitest.

Nach dem Schreiben: Du brauchst eine 

und einen  .

Suche dir einen farbigen Kontrollstift.

Konzentriere dich immer nur auf eine Aufgabe.
Wenn du sie erledigt hast, hakst du sie ab.

① Lies deinen Text ganz langsam und sprich dazu. Zeige dabei mit deinem Kontrollstift unter jedem Wort mit und zeichne Silbenbögen. Dabei entdeckst du vielleicht solche Fehler:

Schecke  Papeir 

② Markiere Stellen, bei denen du eine Rechtschreib-Frage hast. Gibt es zu dem Problem eine Seite in diesem Heft? Du kannst auch im Wörterbuch nachschlagen oder einen Erwachsenen befragen.

③ Satzanfänge schreibt man … Hast du nach jedem Punkt groß weitergeschrieben? Überprüfe.

④ Nomen schreibt man groß, alle anderen Wörter klein. Überprüfe deine Nomen.

Tipps von Pepe:

Überarbeite von hinten nach vorne. Beginne mit dem letzten Satz …

Ordentliche Schrift kannst du besser kontrollieren.

Selbst entdeckte Fehler sind keine Fehler mehr.

Platz für Wörter, die du dir einprägen möchtest:

Wer hat die Schrift erfunden?

Mit Bildern fing alles an.
Vor vielen tausend Jahren malten die Menschen ihre Geschichten an Höhlenwände oder ritzten Zeichen in Steine.

Auch die Indianer erfanden eine Bilderschrift.
Sie schrieben auf Tierhäute.

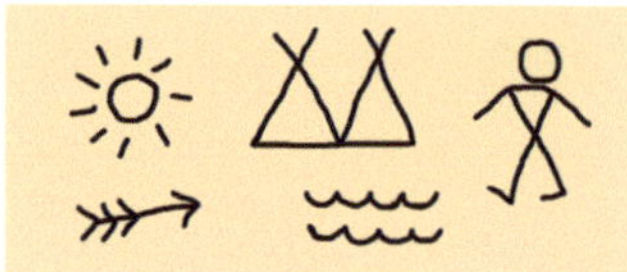

Die Ägypter hatten die Idee, jedes gesprochene Wort mit einem Zeichen darzustellen.
Ihre Bilderzeichen nennt man Hieroglyphen.

Aus Bilderschriften entstand die Buchstabenschrift.
Zum Glück. Wir müssen nur 26 Buchstaben lernen.
Jeder Buchstabe steht für einen Laut. Damit können wir alles schreiben, was wir sagen wollen.

Auf der Welt entwickelten sich verschiedene Buchstabenschriften. Griechische Buchstaben sehen zum Beispiel so aus: α β γ δ ε Υ Ω Σ Π

Die Wörter unserer Sprache ändern sich im Laufe der Jahrhunderte immer wieder.
Außerdem sprechen wir auch Laute, die im Alphabet keine eigenen Buchstaben haben.
Deshalb müssen Vereinbarungen getroffen werden, wie man Wörter *richtig* schreibt.

Warum soll eigentlich nicht jeder schreiben, wie er will?
Ganz einfach: Wenn jeder die Wörter anders schreiben würde, wären sie ziemlich schwer zu lesen.

Deshalb trainierst du mit den Rechtschreib-Stars.